© Raja Rajamannar, 2021
© Buzz Editora, 2025
Publicado mediante acordo com Folio
Literary Management, LLC e Agência Riff

Título original: *Quantum Marketing: Mastering the New Marketing Mindset for Tomorrow's Consumers*

PUBLISHER Anderson Cavalcante
EDITORAS Diana Szylit e Tamires von Atzingen
EDITOR-ASSISTENTE Nestor Turano Jr.
ANALISTA EDITORIAL Érika Tamashiro
ESTAGIÁRIA EDITORIAL Beatriz Furtado
PREPARAÇÃO Leandro Rodrigues
REVISÃO Maísa Kawata e Rodrigo Nakano
PROJETO GRÁFICO Estúdio Grifo

Nesta edição, respeitou-se o novo Acordo Ortográfico da Língua Portuguesa.

Dados Internacionais de Catalogação na Publicação (CIP)
(Câmara Brasileira do Livro, SP, Brasil)

Rajamannar, Raja
Marketing quântico: Entenda a mentalidade dos seus clientes e
domine as dinâmicas do mercado/ Raja Rajamannar
Tradução: Renan Zago Meirelles Santos.
São Paulo: Buzz Editora, 2025
320 pp.

Título original: *Quantum Marketing: Mastering
the New Marketing Mindset for Tomorrow's Consumers*.

ISBN 978-65-5393-182-4

1. Clientes – Relacionamento 2. Marketing
3. Marketing – Administração I. Título.
24-222196   CDD-658.802

Índices para catálogo sistemático:
1. Marketing: Administração estratégica:
Administração de empresas 658.802
Tábata Alves da Silva, bibliotecária, CRB-8/9253

Todos os direitos reservados à:
Buzz Editora Ltda.
Av. Paulista, 726, Mezanino
CEP 01310-100, São Paulo, SP
[55 11] 4171 2317
www.buzzeditora.com.br

Raja Rajamannar

Marketing Quântico

Entenda a mentalidade dos seus clientes
e domine as dinâmicas do mercado

Tradução
Renan Zago Meirelles Santos

Dedicado a meu guru espiritual
Sri Parakala Swamy

Prólogo de Ajay Banga,   11
Diretor Executivo, Mastercard

Prefácio   15

---

1. A jornada do marketing: 23
   Da Antiguidade aos algoritmos

2. O Quinto Paradigma   41

3. Reiniciando a missão do marketing   53

4. O dilema dos dados   69

5. Inteligência artificial: O propulsor   93
   supremo do marketing quântico

6. O Big Bang da tecnologia   109

7. Desbloqueando as blockchains   131

8. As ciências por trás do marketing   143

9. Todos os sentidos   157

10. A transformação da lealdade   173

11. A publicidade (como a conhecemos)   187
    está morta!

12. Não somos consumidores, somos pessoas   199

13. Fazendo marketing para empresas   213
    e máquinas

14. O poder das parcerias   223

15. O propósito como imperativo   237

16. Ética e karma da marca   247

17. O marketing em crise   259

18. O cmo quântico   273

Agradecimentos   287

Sobre o autor   289

Índice remissivo   291

Notas   301

quântico
/'kwän(t)iko/
[ketʃiku]
Adjetivo

1. Uma mudança extrema, abrupta [...] como em salto quântico ou mudança quântica.

2. Novas teorias explicativas para quando teorias clássicas são rompidas [...] como em física *quântica* ou mecânica *quântica*.

3. Novos métodos ou aparelhos que ultrapassam limites existentes e conhecidos [...] como em computação *quântica*, computadores *quânticos* ou marketing *quântico*.

Marketing quântico

O mundo está mudando a uma velocidade tão fora dos precedentes e com tamanha disrupção que as teorias, estratégias e práticas clássicas de marketing estão falhando. O marketing quântico é o novo referencial para o mundo selvagem do amanhã. Aqui, todos os aspectos do marketing clássico são desafiados, e são desenhadas estratégias inovadoras para que os profissionais do marketing prosperem.

Prólogo

Ajay Banga, Diretor Executivo, Mastercard

Quando penso sobre marketing, uma palavra me vem à cabeça: *confiança*.

Todos os dias, e de todas as formas, nossas empresas devem ganhar a confiança das pessoas a quem servimos. Fazemos isso a partir de nossos produtos e de nossos recursos humanos, de como apoiamos nossos clientes, nossos parceiros e a sociedade, e também de acordo com o modo como agimos e interagimos em cada ponto de contato. Construir essa confiança e reforçá-la; é sobre isso que penso 24 horas por dia, sete dias por semana. Como essa confiança é transferida para — e transmitida através de — 1 milhão de pontos de contato que, muitas vezes, não sentimos diretamente conectados a nós... Bem, é sobre isso que Raja pensa o tempo todo.

Eu conheço Raja, profissional e pessoalmente, há mais de vinte anos. Durante esse tempo, observei duas forças impulsionarem a forma como ele aborda seu trabalho. A primeira advém do fato de ele ser um profissional do marketing ao mesmo tempo que é um líder de negócios — ou talvez seja um líder de negócios que também é profissional do marketing. Não importa como eu ou você montamos a frase, o fato é que essas duas perspectivas permanecem lado a lado nele, e impulsionam um esforço incansável para conectar os resultados da marca com os resultados dos negócios. Para ele, não se trata apenas de estabelecer metas e alinhar objetivos, trata-se de realmente impulsionar a empresa.

A segunda força é a necessidade de constantemente ultrapassar as barreiras do marketing em direção a novas fronteiras. Seus olhos sempre estão no horizonte do que pode vir em seguida — telas menores, assistentes ativados por voz, carros automáticos, o que você quiser — e como isso irá alterar os comportamentos dos consumidores e como as empresas precisarão se mostrar nesses ambientes. E, claro, como nossa presença nesses ambientes emergentes pode manter a confiança e, além disso, impulsionar os resultados dos negócios.

Durante nosso tempo juntos na Mastercard, observei ele aplicando essas forças impulsionadoras de maneiras que transformaram o nosso marketing, assim como o campo do marketing em geral. Não importa quão malucas algumas de suas ideias possam ter soado em uma primeira impressão (retirar nosso nome do logotipo, construir uma identidade visual multissensorial ou patrocinar eSports, apenas para lembrar algumas), acabei descobrindo que elas sempre — sempre — estão fundamentadas em ciência e são executadas com maestria e delicadeza incríveis. Talvez seja esse o motivo pelo qual a Harvard Business School e a Yale School of Management escreveram, cada uma, estudos de caso a respeito do trabalho que ele liderou aqui, e por que esses estudos estão sendo ensinados em diversas escolas de gestão ao redor do mundo.

Em minha própria carreira, já observei profissionais de marketing de todos os tipos, e sei o que eles podem realizar por suas empresas. Também presenciei a aflição deles quando confrontados com questões difíceis sobre negócios, assim como o seu empoderamento quando sabem como conectar os pontos entre o que fazem e o que sua empresa necessita. Eu, assim como Raja, acredito que enormes mudanças já estão em curso, e a melhor maneira de navegar através delas como profissionais do marketing que impulsionam resultados de negócios será continuar conectando os pontos. Também acredito que seja isso que Raja nos oferece aqui: uma maneira de ler o horizonte, entender as mudanças de paradigma e construir uma estrutura flexível para auxiliar todos nós a seguir adiante como marcas confiáveis.

Marketing quântico é uma leitura provocativa para qualquer executivo de negócios, quer se considere profissional do marketing ou não.

Prefácio

Minha primeira experiência com o marketing foi como um jovem rapaz crescendo na Índia, quando costumava ir com minha mãe ao mercado para fazer as compras para a família. Falávamos que estávamos "indo fazer mercado". Para nós, os termos *marketing* e *shopping* eram intercambiáveis. A palavra *marketing* ficou gravada em minha mente, e eu a associaria com as alegrias de coisas a serem compradas, promoções especiais, amostras grátis, feiras e exibições, e por aí vai. Na perspectiva de um jovem consumidor, aquilo era marketing.

Anos depois, fui afortunado o suficiente para ser aceito em uma prestigiosa universidade, o Instituto Indiano de Gestão, em Bangalore. Lá, comecei a estudar o "verdadeiro" marketing, e, quando me graduei com meu MBA, pensei que sabia muito sobre o assunto. De acordo com os livros, eu sabia. Portanto, imagine meu choque e minha surpresa ao ser abordado durante minha primeira semana, em meu primeiro trabalho após a faculdade, por um diretor da Asian Paints, a empresa em que ingressei assim que me formei, o qual me perguntou: "Raja, nós já somos líder de mercado, e nem mesmo possuíamos um departamento de marketing até agora. Então me ajude a entender: o que o marketing faz, exatamente?".

Pode ter sido a melhor pergunta sobre negócios que já ouvi. E está entre as perguntas que faço a mim mesmo com frequência: qual o papel que o marketing está desempenhando aqui? O que ele deveria estar fazendo? Como está se saindo? E, mais importante, o quão longe ele pode chegar?

Atualmente, o marketing está passando por uma crise. Diversas empresas blue chips[1] de marketing estão fragmentando os 4 PS (preço, praça, produto e promoção) e os distribuindo por múltiplas áreas exteriores ao setor. Sem esses 4 PS, é preciso se questionar o que o marketing realmente realiza nessas empresas. Muitas vêm cortando ano após ano os orçamentos da área, ao passo que reduzem continuamente a quantidade de funcionários em regime de tempo integral da função, chegando até mesmo a demitir departamentos de marketing inteiros. Enquanto a construção de marcas está sendo propagada por quase todas as empresas, corretamente, como sendo prioritária, parece haver uma suspeita entre os mais altos executivos de que o marketing de marca provavelmente é uma balela, uma atividade cheia de desperdícios, que não possui impacto imediato, se é que possui algum impacto.

Em estudos recentes, 80% dos CEOS[2] afirmaram não ter confiança em seu time de marketing,[3] e 73% deles disseram que os membros de seu time de marketing não possuem credibilidade de negócios ou habilidade de gerar crescimento. Muitos CEOS não veem valor nesse setor, ou o valor que este está trazendo para a empresa, e a presença de profissionais do marketing à mesa dos CEOS continua a minguar.

Esta é uma era em que os executivos do marketing são capazes de influenciar os resultados empresariais, tanto em curto quanto em longo prazo, de maneiras poderosas e sem precedentes. No entanto, ironicamente, o marketing está sofrendo um acerto de contas existencial um tanto sério.

Essa crise de confiança é resultado de três dinâmicas.

Primeiro, temos as grandes mudanças na paisagem do marketing, fomentadas por enormes transformações tecnológicas, tremendos avanços em análise de dados, e mudanças no comportamento de consumidores, instigados por celulares e mídias sociais. Coletivamente, essas mudanças chocaram os modelos de negócio e subverteram as estratégias tradicionais.

Segundo, os profissionais do setor não foram capazes de conectar, com credibilidade, os resultados de negócios com seus investimentos e ações de marketing. Consequentemente, sua contribuição e seu valor se tornaram incrivelmente dúbios.

Terceiro, muitos executivos ainda estão presos a uma visão estreita sobre o que o marketing pode realizar e como ele pode impulsionar o negócio. Por um lado, os profissionais de marketing contemporâneos são lineares, analíticos e obcecados por testes A-B, processamento de dados e implementação de tecnologias. Eles não poderiam se importar menos com elementos clássicos e fundamentais, como posicionamento de marca, psicologia do consumidor ou sutileza criativa. Estão focados no marketing de desempenho e, portanto, apenas nos resultados, mas não no "porquê" por trás desses resultados. De outro lado, existem profissionais clássicos e inovadores, que são fortes nas áreas tradicionais do marketing, mas não possuem noções de modelos de negócios, tecnologias digitais ou análises de dados. A mistura perfeita, que está muito em falta, é encontrada em executivos que conseguem transitar entre esses dois gêneros distintos de marketing, mesclando as capacidades do lado direito e esquerdo do cérebro, combinando sensibilidades criativas com comando de dados e tecnologia.

Contudo, o marketing está adentrando seu ponto de inflexão mais emocionante de todos os tempos, o Quinto Paradigma do Marketing, que eu chamo de Marketing Quântico.

Novas tecnologias, tais como inteligência artificial, realidade aumentada, conexão 5G, a Internet das Coisas, *smart speakers*, dispositivos vestíveis e blockchains, estão posicionadas de modo a transformar as vidas dos consumidores e potencialmente levar o impacto do marketing a níveis inteiramente novos. Hoje em dia, toda a função e disciplina do marketing podem dar um salto em direção a níveis impressionantes de insights de consumidores, interações em tempo real e engajamentos altamente específicos e relevantes com consumidores. O conjunto de ferramentas disponíveis nunca esteve tão poderoso quanto agora. E a habilidade do marketing para impulsionar os resultados de negócios em face da competição brutal não é apenas extraordinária, é também vital para a sobrevivência futura de um negócio.

No Quinto Paradigma, novas tecnologias dramáticas e pontos de interação irão explodir em novas dimensões. Em conjunto com isso estão as mudanças sociológicas, as disrupções de ecossistemas de marketing e os desafios organizacionais e até mesmo existenciais sem precedentes na área. Nesse caldeirão fervente, as empresas precisam reiniciar seu marketing para serem bem-sucedidas e prosperar. É esse botão que precisamos apertar, é essa a atitude que precisamos tomar como CEOS, CMOS,[4] líderes de marketing, professores, estudantes, startups e qualquer um que aspire a ser bem-sucedido no futuro iminente.

O marketing quântico não diz respeito a esquecer tudo o que já conhecemos sobre marketing; trata-se de observar tudo, contrastando com o plano de fundo de uma transformação a passos largos que está ocorrendo na paisagem do setor, transformação que vivenciamos no momento presente. Trata-se de ver e perceber o que está cada vez mais nítido, que o marketing — como arte, ciência e ofício — de fato atravessa uma crise. Trata-se de reinventá-lo, reimaginá-lo e revigorá-lo, de modo a torná-lo uma força ainda mais poderosa, que impulsione o negócio, ou seja, torná-lo uma força multiplicadora e real, demonstrável para qualquer empresa. O Quinto Paradigma irá apoiar muitas facetas e princípios do marketing sob sua cabeça. O marketing quântico se relaciona com a reestruturação e reprogramação dos métodos de marketing, de modo a abordar e alavancar essas mudanças de paradigma.

O marketing quântico nos permitirá entender que essa crise atual possui suas raízes na história do marketing, da publicidade e do branding, algo que detalho neste livro, apresentando diversos paradigmas. Os dois primeiros paradigmas abarcam a origem da mídia impressa e do rádio, e também dos anúncios de TV até o alvorecer da internet. O Terceiro e Quarto Paradigmas coincidiram com a internet, Big Data, estado atual da telefonia móvel, domínio da ciência dos dados e plataformas de mídias sociais onipresentes. No Quinto Paradigma, inteligência artificial, realidade aumentada, realidade virtual e mista, bem como conectividade 5G, irão expandir o marketing para profundezas e dimensões que podem ser apenas imaginadas.

O Quinto Paradigma trará uma mudança espetacular ao ramo do marketing.

As pedras de toque tradicionais do marketing irão mudar rapidamente.[5] A publicidade continuará em direção a seu próprio juízo final. As pessoas não querem mais propagandas, e, na verdade, elas hoje as bloqueiam de suas telas com *ad blockers* ou até mesmo pagando para estar em ambientes livres de anúncios. Programas de lealdade continuarão a se transformar, abrindo caminho para novos paradigmas sobre o que significa manter a fidelidade de clientes à marca. A paisagem competitiva também mudará profundamente. Tudo isso é território inexplorado — de um mundo novo e diferente — um mundo de complexidade, amplitude, escopo, impacto e implicações incríveis. Também será um mundo de criatividade, inovação e oportunidades fantásticas. Para isso, a forma pela qual uma empresa pode alavancar o marketing até seu potencial pleno, tornando-o um impulsionador de negócios e construtor de marcas, se provará ser uma vantagem competitiva crucial. Os últimos cinco anos viram mais mudanças no mundo do marketing do que os cinquenta anteriores. E os próximos cinco irão superar todos eles juntos. Isso é tão estimulante quanto intimidador.

Profissionais do marketing, em particular, e empresas, em geral, não estão preparados para o Quinto Paradigma. O que está em jogo é nada menos que o modo como o marketing continuará a existir no futuro, que forma irá tomar, e o contexto e as circunstâncias nos quais irá operar. Escrevi este livro para compartilhar minha experiência como executivo de marketing global, com o objetivo de fornecer um recurso a líderes de negócios atuais e de servir tanto como um aviso quanto como uma promessa aos líderes do futuro. Para desbloquear a promessa e o poder do marketing no futuro, serão exigidos um novo tipo de liderança e um novo senso de propósito pela missão por parte desses líderes. Apenas empresas que conseguirem reinicializar suas missões, estratégias e abordagens do marketing serão bem-sucedidas. Este livro vai auxiliar você a desafiar seu pensamento atual e vai guiá-lo em direção ao domínio da nova mentalidade de marketing para os consumidores do amanhã.

Seja bem-vindo ao marketing quântico!

A jornada do marketing
Da Antiguidade aos algoritmos

Antes de começarmos a entender o marketing quântico, é útil conhecer um pouco de sua história. Porque, embora pensemos que já inventamos tudo como profissionais modernos de marketing, os fundamentos da área já têm milhares de anos. Vou me explicar. Diga o nome Pompeia e veja imagens de pessoas presas em cinzas, vulcões em erupção e tesouros antigos surgirem em sua mente. O lugar, claro, é o local da erupção do monte Vesúvio em 79 d.C., e ele continua mantendo arqueólogos ocupados. Mas esses arqueólogos descobriram outra coisa nas ruínas: publicidade!

Em 2013, um arqueólogo finlandês descobriu mensagens sobre políticos — suas qualidades e políticas pessoais — escritas nas casas de cidadãos ricos de Pompeia.[6] Isso é publicidade, planejamento de mídia e segmentação baseada em localização, tudo em uma tacada só!

Adiante, neste livro, você lerá sobre inovações sônicas de criação de marcas, em que identidades de marca são criadas a partir da utilização do som. Antigos documentos chineses detalham a prática de fabricantes de doces que tocavam flautas de bambu para atrair clientes.[7] Enquanto considerávamos que anúncios em cartazes eram uma inovação inteligente, um anúncio de agulhas datado da dinastia Song (960-1276 d.C.) já dizia o seguinte: "Compramos hastes de aço de alta qualidade e criamos agulhas da melhor qualidade, que estarão prontas para uso doméstico num instante". O anúncio também continha a imagem de um coelho segurando uma agulha, uma mascote para a marca ou o precursor de um logotipo.[8]

A partir dessas origens simples, o marketing nunca parou de evoluir. Desde a Antiguidade, o maior salto do ramo foi o advento da prensa tipográfica e da imprensa, no século xv. Anúncios começaram a aparecer em revistas e cartazes. Embalagens de produtos evoluíram para transmitir qualidades e benefícios. O século xix viu o nascimento de agências de anúncios e de anúncios para sabão. Em seguida, vieram o rádio, os jornais, a tv, a tv a cabo, a internet e a enxurrada do marketing digital. Mesmo nas primeiras formas de marketing, é fascinante observar conceitos modernos de anúncios segmentados por regiões, mídias sociais, além de medições de marketing, mesmo que de forma rudimentar, incrustados no instinto humano de influenciar pensamentos, emoções e comportamentos de pessoas e sociedades. Sempre houve uma abordagem dominante em cada fase, mas tais abordagens não são exclusivamente lineares. Por exemplo, é possível encontrar características definidoras da abordagem de Pompeia (tais como a utilização de locais de alto tráfego) no aplicativo do Burger King e em seu marketing geolocalizado em 2020, em que ele enviava, descaradamente, ofertas especiais quando um cliente estivesse próximo a um McDonald's.[9] E você irá encontrar a lógica básica de produtos que definiram os primórdios da publicidade impressa sendo prevalente até hoje, em diversas marcas.

O Primeiro Paradigma:
A premissa da lógica e da racionalidade

O Primeiro Paradigma do marketing foi literal, racional e quase totalmente centrado no produto. Presumia-se que consumidores tomavam suas decisões de compra de maneira racional e lógica. Se você produzisse o melhor produto, o pensamento era que os consumidores seriam atraídos para ele. Portanto, os profissionais do marketing tinham um propósito definido e uma estratégia simples: faça o seu produto melhor que o da concorrência. E permita que os consumidores saibam disso. O marketing conectava o produto ao consumidor ao criar e alavancar um conjunto de características desse produto que seria diferente do da concorrência — e melhor do que ela —, ou ao oferecer o produto a um preço menor. O sabão Tide "deixava as roupas mais limpas". Carros da Dodge possuíam uma "condução mais suave".[10] E, quanto a aspiradores de pó, "Nada aspira como Electrolux".[11]

O advento da produção em massa criou um nível de paridade entre produtos e comoditização. Toda pesquisa para desenvolvimento das marcas focava em superioridade no quesito de qualidade do produto, o que resultava em diferenciações marginais e, no melhor cenário, em vantagens competitivas mínimas. Nesse momento, o marketing começou a realçar, e até mesmo a exagerar, conjuntos de características que importavam para os consumidores. E, para completar, os profissionais do marketing colocavam pessoas com boa credibilidade, ou que aparentassem possuir credibilidade, para endossar as marcas, de modo a fazer com que os consumidores acreditassem nas alegações. Médicos já atestaram a segurança de cigarros Lucky Strike para a saúde.[12] Esses acontecimentos, é claro, foram o começo da erosão da confiança entre consumidores e marcas, e aos poucos os anúncios começaram a perder credibilidade. Isso também marcou o início da influência dos anúncios sobre a cultura, incluindo, infelizmente, a estereotipização dos gêneros.

O Segundo Paradigma:
Tudo tem a ver com emoções

Ao longo do tempo, os profissionais do marketing perceberam algo muito poderoso: pessoas tomam decisões de maneira emocional, mais do que racional ou lógica. Na verdade, em muitos casos, de modo completamente emocional. Portanto, eles começaram a incorporar emoções em suas campanhas de publicidade. Quando a TV entrou em cena, ela trouxe o visual e o áudio juntos, em um novo e poderoso meio, por meio do qual histórias poderiam ser contadas de maneira muito convincente. É interessante notar que alegações emocionais não precisavam de provas científicas baseadas em dados. A utilização desse recurso, no limite, era chamada eufemisticamente de liberdade ou flexibilidade criativa. Com a tendência avançando em direção ao engajamento de emoções, o marketing passou a ser mais do que um mero empurrão para a compra de um produto, tornando-se um convite a uma experiência.

Empresas e marcas elevaram seu foco no apelo ao produto a um nível completamente novo. O foco do Primeiro Paradigma nos ingredientes e no desempenho dos produtos foi suplementado, ou até mesmo substituído, por uma promessa emocional. Relacionamentos, afinidade, status, atratividade, felicidade, alegria, sucesso — todos esses termos se tornaram qualidades míticas que o consumidor poderia obter, como os benefícios para membros de um clube secreto.

Pense na Coca-Cola e em sua promessa de que "As coisas são melhores com uma Coca", ou na Pepsi como o "refrigerante para uma nova geração".[13]

O marketing minerava emoções. Marcas e empresas começaram criando espaços emocionais, para então ocupá-los. Enquanto um conjunto de características de um produto poderia ser equiparado ou até mesmo melhorado e, portanto, fazer com que o produto pudesse ser deslocado de sua posição de mercado, competir contra emoções era muito mais difícil. Uma vez que uma marca ocupasse um território emocional, ela praticamente possuiria aquele território para sempre. Era quase isso.

Mas como se faz o marketing de uma emoção? Associar sua marca com qualidades esotéricas, seja luxo, indulgência, liberdade ou status, se tornou uma estratégia competitiva. Entender e melhorar o produto ainda era necessário. Mas agora as empresas e marcas passaram a procurar entender mentalidades, motivações, atitudes e comportamentos dos consumidores. Empresas lançaram métricas atitudinais, estudos de hábitos e utilizações, grupos focais e pesquisas psicográficas.

Conforme os profissionais do marketing aprenderam mais a respeito do que os consumidores esperavam, sobre quem eram seus modelos, e por aí vai, eles começaram a se apoiar mais nas celebridades como uma maneira de criar conexões emocionais e modelos de expectativas. As estrelas do Segundo Paradigma não seriam apenas uma Coppertone Girl anônima ou um médico genérico que endossava o uso de cigarros. As estrelas do Segundo Paradigma se tornaram a cara do produto. Brooke Shields era o rosto da Calvin Klein. Madonna, o da Pepsi. Michael Jordan era o da Nike. A publicidade possuía uma tarefa clara. O marketing possuía uma abordagem clara.

O Terceiro Paradigma:
Internet, mídias digitais e dados

Os profissionais do marketing estavam seguindo a corrente, alavancando emoções e identidades para alcançar consumidores que estavam se tornando obcecados por ambas. Mas algo estava se esgueirando sobre eles. No dia 6 de agosto de 1991, um sistema arcano de recuperações de dados conhecido apenas por cientistas seria compartilhado com o público em geral por Tim Berners-Lee. Seria chamada de WorldWideWeb. Não houve comunicado à imprensa. Parafraseando W. B. Yeats, uma "beleza terrível" nascia.

Quatro anos depois, essa beleza terrível começou a ser monetizada. No dia 12 de outubro de 1994, um website digital de trocas de informações chamado HotWired publicou, simultaneamente, anúncios de doze marcas diferentes, incluindo AT&T, MCI, Volvo, Club Med, 1-800-Collect, Sprint e IBM. Foram criados os *banners*, as faixas de anúncios dos sites.[14] O marketing digital havia nascido e, em um instante, tudo a respeito de marketing, publicidade e mídia mudou. Foi o momento exato em que velocidade, escala e impacto nasceram, e nada mais foi o mesmo desde então.

Esse foi o início do Terceiro Paradigma: a ascensão da internet e do marketing baseado em dados. Depois da televisão, essa foi a próxima grande disrupção tecnológica do marketing. Dados, que antes eram restritos aos profissionais de TI, geeks, economistas e pesquisadores, por exemplo, encontraram um novo patrono. Profissionais do marketing descobriram o poder dos dados e viram o salto de efetividade que eles poderiam realizar. O novo foco tornou-se utilizar os dados para tornar o marketing mais especializado, o que minimizava o desperdício, melhorava o rendimento e aumentava enormemente o retorno sobre o investimento (ROI) de uma empresa. Esse paradigma viu o surgimento no mundo comercial de cientistas de dados e profissionais de marketing especialistas em dados. Com a internet, os profissionais de marketing agora possuíam uma habilidade extraordinária para alcançar, se comunicar e impressionar seus consumidores e potenciais clientes como nunca antes, em larga escala, com economia e precisão.

Mas nem tudo era digital. O Terceiro Paradigma também viu um aumento dramático em correspondências diretas, anúncios de resposta direta e a promessa do "segmento individual". Em outras palavras, todo consumidor era reconhecido e tratado como único, e mensagens de marketing, altamente individualizadas, poderiam ser transmitidas de maneira personalizada, memorável e impactante. Ofertas por correspondência direta de empresas como o Citibank, que começou com uma ferramenta para fazer com que os consumidores consolidassem seus saldos em cartões de crédito, foram desenvolvidas quando se adentrou a era da personalização baseada em dados. Os profissionais do marketing melhoraram tanto o direcionamento de seus anúncios durante o Terceiro Paradigma que os consumidores os avisaram de que estavam chegando perto demais, sendo invasivos demais. Tais ações fizeram os defensores dos consumidores nos Estados Unidos demandarem que as instâncias reguladoras estabelecessem regras, em 2003, que exigiam que empresas obedecessem às listas de "Não faça ligações" e "Não envie e-mails".

Se o marketing direto se aproximou dos consumidores, a internet "entrou no DNA deles", para usar uma metáfora. A proeza dos e-mails e mensagens dos profissionais de marketing os puseram ao alcance dos consumidores. Quando um consumidor procurava um produto, a internet devolvia essa informação, o que, em troca, deu ao profissional de marketing insights inéditos sobre o comportamento do consumidor e, portanto, a chance de se aproximar ainda mais, tornando-os dispostos a pagar por essas oportunidades. Aproveitando essa situação, navegadores como Netscape, Excite e Yahoo foram os primeiros negócios rentáveis na internet. Mas foi apenas quando o Google trouxe o AdWords que a rentabilidade tomou uma escala completamente nova. Realmente, logo em 2000, o professor John Deighton, da Harvard Business School, descreveu a internet como um "ambiente total" multidimensional "para a realização de marketing".[15]

Os consumidores também foram empoderados pela internet. Eles procuravam produtos, procuravam uns aos outros, e descobriram que queriam mais, de tudo. A internet e os dados gerados foram a combinação de tecnologia e plataforma responsável por fornecer um palco para o Terceiro Paradigma. E sim, esse foi um ponto de inflexão enorme. Cada visita, clique e visualização de página gerava dados preciosos sobre comportamentos, preferências e padrões de gastos dos consumidores. A explosão da publicidade na internet rapidamente mostrou quão atrativo eram os dados. O primeiro ano em que profissionais de marketing pensaram na web como um meio de publicidade foi 1997, quando anunciantes nos Estados Unidos gastaram 940 milhões de dólares, valor que atingiu 4 bilhões de dólares em 1999.[16]

O conforto com o qual (meio que) contavam os profissionais de marketing ao não prestar contas pela efetividade de anúncios mudou, em sua maior parte, pelo surgimento dos dados. Os dados transformaram a mensuração da publicidade, removendo as suposições e estimativas de audiência. Será que um anúncio funcionava? A pontuação da TV já não era mais a resposta. Será que um anúncio no jornal impulsionou vendas? Declarações de circulação já não eram mais relevantes. Uma publicidade era bem-sucedida caso as pessoas a vissem e agissem em cima dela. De repente, ambas as ações se tornaram mensuráveis na nova era da internet, e eram mensuráveis minuciosamente. Valia a pena fazer publicidade para determinada mídia em particular? Essa resposta era definida pelo número de visitantes que eram compatíveis com o perfil-alvo com que interagiam todos os dias. Portanto, os dados definiram os negócios da mídia de tal forma que as veiculações passaram a ser cirúrgicas.

Eis que entra a expressão *em tempo real*. Atividade em tempo real — ações que acabaram de ocorrer, ou a localização atual — poderia levar a uma oferta ou a uma comunicação personalizada com determinada pessoa. Isso tornou real o verdadeiro marketing um-para-um. O ROI do marketing agora poderia ser definido com precisão. Pela primeira vez, profissionais de marketing poderiam medir de forma confiável as respostas obtidas por diferentes estratégias e táticas. O funil de compras tradicional (Conhecimento → Interesse → Desejo → Ação) agora estava sendo reavaliado conforme os profissionais desenvolviam modelos de compra mais sofisticados. Objetivos tradicionais, tais como elevar o reconhecimento da marca e estabelecer superioridade competitiva, foram equiparados com o impulsionamento na consideração de compra e na intenção de compra. A arte do marketing se fundiu com a ciência do marketing. Essas mudanças também criaram a demanda por um novo perfil de executivo. Agora, os "Mad Men", que cresciam com base em grandes personalidades e benefícios, precisariam mudar, ou procurar outro emprego. Ser especialista em dados se tornou um pré-requisito para um executivo de marketing.

Durante o Terceiro Paradigma, os dados evoluíram para se tornar um motor habilitador. Eles guarneciam o consumidor com utilidade, referenciais dinâmicos e um senso geral de personalização. Para o profissional de marketing, eles forneceram meios para calcular e entender o valor do consumidor ao longo de seu tempo de vida para a empresa, ou seja, forneceu-lhes "valores de vida". Eles também foram capazes de descobrir modelos de retenção mais precisos. Os dados se tornaram uma vantagem competitiva. O impulso competitivo dos 4 PS do marketing, celebremente postulados por Philip Kotler, deu uma volta completa. Agora os dados poderiam juntar os 4 PS em um pilar-chave da estratégia competitiva.

O Quarto Paradigma:
Sempre ligado

A internet mal havia sido digerida quando duas outras dimensões foram criadas, e ambas definiriam o Quarto Paradigma. De outubro de 2007 a agosto de 2008, uma variação de um quadro de mensagens, originado em um campus universitário, chamada Facebook disparou de cinquenta usuários para cem milhões, e assim nasceram as mídias sociais. Concomitantemente, no dia 29 de junho de 2007, foi lançado o iPhone. Telefones portáteis e aparelhos móveis alteraram completamente e para sempre a paisagem dos consumidores. O telefone móvel tornou-se virtualmente uma extensão do corpo humano, com consumidores indo para a cama e acordando junto de seus aparelhos. Agora, os profissionais de marketing possuíam um meio através do qual poderiam alcançar os consumidores a qualquer momento.

As forças anteriores
ao Quarto Paradigma

Quatro elementos fundamentais levaram ao nascimento de telefones e aparelhos portáteis: os aumentos exponenciais do poder de processamento, a miniaturização de componentes e aparelhos, a disseminação e disponibilidade da internet, e um grande salto nas interfaces de usuários, que se tornaram altamente intuitivas. Com essa onipresença, em conjunto com outra revolução — as plataformas de mídias sociais —, tudo foi transformado na paisagem do consumidor. Esse é o Quarto Paradigma.

A Figura 1 apresenta seis dinâmicas disruptivas que levaram ao Quarto Paradigma. A magnitude do consumo de conteúdo pelas pessoas é nada menos do que estarrecedora. Em um momento qualquer, 18 milhões de pessoas ao redor do mundo enviam uma mensagem de texto por meio de aplicativos de celular. Quatro milhões de vídeos serão assistidos no YouTube. Um milhão de pessoas irão acessar o Facebook. Quarenta e um milhões de pessoas enviarão uma mensagem por meio do Facebook Messenger ou do WeChat. Quatro milhões de pessoas irão realizar uma busca no Google.[17] Essas dinâmicas gigantes e disruptivas trouxeram mudanças enormes ao panorama do consumidor.

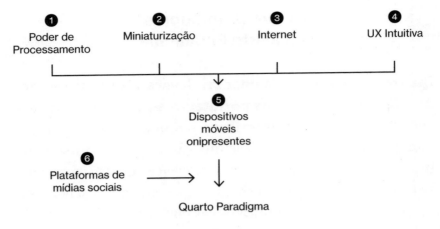

Figura 1

Considere o seguinte:

- **Sempre ligado e sempre distraído.** O tempo de atenção médio humano é de menos de oito segundos, tendo sido empurrado para baixo, ao nível do tempo de atenção de um peixinho-dourado, por conta do estímulo constante do Quarto Paradigma. As pessoas conferem seus celulares, em média, oitenta vezes por dia durante um período de férias, com alguns chegando a conferir sua tela mais de trezentas vezes por dia. As pessoas estão gastando até seis horas por dia em diferentes aparelhos digitais.[18] E os consumidores estão sendo bombardeados por uma média de 5 mil mensagens comerciais todos os dias. Eles estão aprendendo a não prestar atenção a elas, e mal estão notando a chegada dessas mensagens.

- **Sem tempo para horário nobre.** Nos bons e velhos tempos, costumávamos falar sobre o horário nobre. Esse era o horário durante o qual a família inteira se reuniria em torno da TV e assistiria a um programa popular em determinado canal. Na posição de um profissional de marketing, seria possível saber exatamente em quais programas e canais deveria ser adicionada a publicidade para conseguir alcançar a audiência desejada. Hoje, cada indivíduo possui múltiplos aparelhos e os utiliza para visualizar uma grande quantidade de conteúdo em vídeo. Esses indivíduos veem o que querem — normalmente sozinhos, não em família —, quando querem, *on demand*. Sem horário nobre. As visualizações se tornaram muito fragmentadas. Atualmente é necessário realizar um trabalho matemático muito mais pesado para planejar visualizações confiáveis e de qualidade. Isso envolve uma enorme quantidade de modelagens quantitativas para dar sentido em meio ao caos e agir em cima disso para impulsionar o alcance e os resultados.

- **O céu e o inferno das redes sociais.** A reputação, e até mesmo a valorização de uma empresa, pode ser feita e desfeita por um único tuíte durante o Quarto Paradigma. A selfie de Ellen DeGeneres com Bradley Cooper, Jennifer Lawrence e outras estrelas durante o Oscar de 2014 foi tirada com um celular da Samsung e retuitada 2 milhões de vezes em duas horas.[19] Eis o inferno: Kylie Jenner chegou às manchetes no início de 2018 por publicar um tuíte: "Alguém ainda usa o Snapchat?". Isso desencadeou uma espiral descendente para as ações da empresa ($SNAP). Uma manchete da CNN *Money* dizia: "Ações do Snapchat perdem US$ 1,3 bilhão após tuíte de Kylie Jenner".[20]

Escala transcendental

Hoje existem no planeta mais aparelhos portáteis do que pessoas. Como resultado, os negócios têm uma oportunidade para atingir e se conectar com os consumidores em tempo real, passando por diversos locais, a partir de métodos radicalmente mais eficientes. O poder e a onipresença dos aparelhos transcenderam gerações, regiões e culturas.

O Quarto Paradigma enfatizou a ciência acima da arte do marketing. O planejamento de mídia foi automatizado, impelido por taxas de clique, visualizações de páginas e conteúdos de adjacências. Publicidades programáticas, dependentes de algoritmos e esquemas complexos de apostas que rivalizam com qualquer bolsa de valores, tornaram-se dominantes. Estima-se que mais de 65% de toda publicidade digital de 2019 tenha sido comprada e servida por algum algoritmo.[21] Liberar uma publicidade nesse ambiente programático exige um novo método para a medição, averiguando se um anúncio foi visualizado, se essa visualização foi feita por um humano ou por um *bot* e, por fim, quanto isso deveria custar.

Medir o desempenho de publicidade digital se tornou tão complicado que centenas de entidades, incluindo empresas de tecnologias de anúncios e de marketing, surgiram, prosperaram e foram compradas por cifras enormes dentro desse espaço. Hoje, o ecossistema de anúncios é tão complexo que exige uma enorme quantidade de participantes apenas para fazer sentido e se manter ativo. Foi estimado que todos esses intermediários recebem 40% de todos os orçamentos de anúncios.[22]

Mas nem tudo vai bem depois do Quarto Paradigma. Surgiu um problema de confiança com o ecossistema de publicidade, tanto por parte de profissionais de marketing quanto por parte de consumidores. Muito disso ganhou destaque em um relatório da K2 Intelligence, que descobriu propinas desenfreadas e margens comerciais desnecessárias, que iam de 30% a 90% do gasto do cliente. O relatório afirma: "Compradores da mídia, por vezes, foram pressionados ou incentivados pelas *holdings* de suas agências a direcionar o gasto de clientes para sua mídia, sem se importar se tais compras estavam dentro dos melhores interesses desses clientes".[23] O Departamento de Justiça dos Estados Unidos começou uma investigação sobre todo esse empreendimento nebuloso.[24]

À parte do problema de confiança entre clientes, veículos de publicação e agências, existe outro problema de confiança, este sob o ponto de vista dos consumidores. Eles estão preocupados, e com razão, com a privacidade de seus dados, e tal preocupação ganhou tanto ímpeto que levou ao surgimento de regulações rigorosas. A União Europeia instituiu as Regulamentações Gerais de Proteção de Dados em 2018, que, entre outras determinações, exige que todas as empresas declarem de forma clara o propósito da coleta de dados, que obtenham permissões específicas dos consumidores, os quais devem poder optar por aceitar ou não a coleta de dados, e permitam que eles deletem suas informações a qualquer momento. Uma lei semelhante foi promulgada na Califórnia no início de 2020.[25] Muitos países e regiões do mundo estão estudando seriamente esse assunto.

Para resumir...

Nós percorremos os quatro paradigmas do marketing. O Primeiro Paradigma foi movido pelo produto na posição de herói, baseado na premissa simples de que os consumidores realizam decisões lógicas de compra. O Segundo Paradigma mergulhou no reino emocional dos consumidores. Foi, em grande parte, uma reação à dificuldade de se obter uma diferenciação baseada apenas nas funções e benefícios dos produtos. E, muitas vezes, a própria emoção estava fazendo o trabalho pesado, mesmo na ausência perceptível do produto. O Terceiro Paradigma foi a era da internet e do marketing baseado em dados. A análise de dados trouxe uma nova camada de entendimento e profundidade à área, abrangendo desde o direcionamento digital até novas métricas de avaliação de campanhas, chegando a calcular valores de relacionamento de longa data com o cliente. E a internet foi a plataforma que permitiu que profissionais do marketing entendessem os interesses e intenções dos clientes, provendo-os com as mensagens econômicas corretas. O Quarto Paradigma inaugurou a mobilidade por meio de aparelhos digitais, os quais se tornaram, literalmente, extensões do corpo e obsessões da psique humana. Tecnologias de localização móvel e em tempo real, assim como plataformas de mídias sociais, introduziram a era do consumidor conectado. Os profissionais do marketing passaram a acompanhar os canais digitais e as redes sociais.

Nós percorremos um longo caminho desde os muros de Pompeia e as agulhas da dinastia Song!

2

O Quinto Paradigma

Hoje, estamos à beira do precipício do Quinto Paradigma. Esta é a era do marketing quântico (veja a Figura 2).

OS CINCO PARADIGMAS DO MARKETING

Paradigma Um	Paradigma Dois	Paradigma Três	Paradigma Quatro	Paradigma Cinco
Marketing de Produto	Marketing Emocional	Marketing Baseado em Dados	Marketing Digital e Social	Marketing Quântico

Figura 2

Esta época é orientada por disrupções exponenciais (boas e más) nas vidas dos consumidores, causadas por um dilúvio de tecnologias emergentes. As mudanças resultantes no panorama do consumidor clamam para que os profissionais de marketing acessem as dinâmicas do novo paradigma e reinventem toda a sua abordagem. É uma era na qual os erros crescem exponencialmente, e o sucesso é tão fugaz quanto a capacidade de atenção do consumidor. Em termos científicos, "quântico" descreve genericamente um efeito que não pode ser explicado por abordagens clássicas. Com o tempo, ele também passou a significar um salto imensurável em velocidade ou volume.

Ambos descrevem o marketing no Quinto Paradigma: o marketing quântico.

Primeiro, vamos analisar o incrível panorama emergente.

- **Dados infinitos.** Sensores de todos os tipos começaram a se enraizar na vida dos consumidores, desde a Internet das Coisas (geladeiras, máquinas de lavar, lava-louças, termostatos residenciais conectados, e por aí vai) até dispositivos vestíveis (relógios e anéis *smart*, rastreadores fitness), *smart speakers*, assistentes digitais e carros conectados. Esses sensores capturam níveis sem precedentes de dados a partir, literalmente, de cada respiração, movimento, sensação e ação das pessoas. Caso os profissionais de marketing saibam como utilizar essa explosão quântica de dados, eles podem ganhar insights incríveis que irão alavancar a efetividade de suas campanhas e engajamentos dos consumidores até níveis extraordinários. Vamos ilustrar isso com exemplos ao longo dos capítulos seguintes.

- **Inteligência Artificial (IA).** Eu dediquei um capítulo inteiro às IAs porque elas são um grande divisor de águas. Tudo o que é possível fazer com dados atualmente, desde simples pesquisas de consumidores até análises preditivas complexas, as IAs farão parecer brincadeira de criança. IAs podem examinar acervos infinitos de dados de todos os tipos, a partir de diversas fontes, e conseguem dar sentido a eles e criar insights poderosos e práticos como nunca antes. E o melhor é que esses insights estarão disponíveis em tempo real; portanto, ações poderão ser tomadas com nenhum, ou quase nenhum, atraso. O próprio impacto delas pode ser medido em tempo real, assim como sua otimização. Esse é o marketing quântico. Em outro nível, as IAs irão desestabilizar por completo a criação de conteúdo, não apenas ao suplementar recursos e processos existentes, mas também chegando a suplantá-los, com poderes e velocidades enormes. As Inteligências Artificiais permitirão que profissionais meçam a pulsação de tudo o que está acontecendo, em todos os estágios do ciclo de vida do marketing, que associem sentido a tudo e que ajam em cima disso de modo a obter resultados altamente efetivos.

- **Blockchain.** Hoje, existe uma enorme quantidade de intermediários ao longo da cadeia de valores do marketing. Uma cadeia de valor é feita para ser uma sequência de processos ou atividades que adicionam valor a um produto em cada estágio. Em muitos casos, a presença desses intermediários é necessária por conta da falta de transparência e confiança entre os profissionais de marketing que estão pagando as contas e suas contrapartes. Por exemplo, se um profissional criar um anúncio para um ambiente digital, seus clientes precisarão saber se tal anúncio realmente foi entregue, se foi visualizado corretamente, se foi visto por seres humanos, e por aí vai. Para verificar tudo isso, surgiram e se proliferaram diversas empresas de tecnologia de anúncios (ad tech) e de outros setores. E todas elas precisam ser pagas. O que significa que alguns dos dólares do marketing, que de outro modo seriam direcionados ao trabalho com mídias, estariam financiando esses intermediários. Blockchains irão aliviar esse problema. Os intermediários desnecessários irão praticamente desaparecer. Existirão contratos digitais diretos entre anunciantes e veículos de publicação baseados em como, quando e onde os anúncios serão expostos, e em que formato. E mais, as blockchains também irão auxiliar no estabelecimento de autenticidade de produtos, combatendo imitações e produtos falsos.

- **5G.** Para os profissionais do marketing, o 5G equivalerá à diferença entre um triciclo e uma motocicleta. Trata-se de um poderoso protocolo de telecomunicações que irá alimentar o funcionamento de outras tecnologias, tais como a Internet das Coisas, os veículos autônomos e conectados, as projeções holográficas ao vivo e a realidade aumentada. Ele irá impactar profundamente os profissionais de marketing. Pela primeira vez, será possível implementar realidades virtuais imersivas ou experiências 3D ao redor de produtos e serviços, de maneira remota e em tempo real. Os profissionais serão capazes de capturar e processar sinais dos sensores e ações de consumidores, para analisar e implementar as táticas apropriadas conforme forem acontecendo. Diversas outras tecnologias emergentes serão habilitadas pela presença de redes 5G.

Outras tecnologias emergentes

- **Realidade aumentada.** A realidade aumentada será uma das tecnologias que irão incorporar uma nova dimensão ao kit de ferramentas do profissional de marketing. Ela permitirá que eles adicionem camadas de informações em ambientes físicos ou virtuais, de modo a aumentar significativamente a experiência do consumidor. Por exemplo, caso eu esteja andando por uma rua e abra o meu celular, poderei ver a rua em frente na tela do aparelho, mas também poderei ver faixas e bandeiras virtuais que irão indicar a presença de um café, o local em que há ofertas especiais ou onde meu Mastercard oferece oportunidades. Ela elevará o engajamento de consumidores a outro nível.

- **Realidade virtual (RV).** Partindo de uma tela bidimensional e chegando até os formatos 3D, a questão sempre tem sido fornecer aos consumidores experiências imersivas, de modo a torná-las semelhantes às reais e fazer que sejam altamente convincentes. Com o advento de óculos de realidade virtual e fones de ouvido sem fio, a RV irá adicionar uma nova dimensão aos conteúdos, podendo providenciar opções inovadoras para marcas anunciarem mensagens e patrocínios. E mais: habilitados pelo 5G, os profissionais de marketing serão capazes de alcançar os consumidores em tempo real, de acordo com cada contexto. Por exemplo, caso uma empresa de viagens queira fazer o marketing de um destino novo, ela poderá transmitir instantaneamente um vídeo em RV desse local pelo qual os consumidores aparentem estar interessados, sugerindo que eles terão uma experiência imersiva e poderão apreciar a viagem. O impacto sobre os consumidores será muito maior, se comparado com o que seria se vissem um vídeo normal daquele destino, que, por sua vez, já seria muito maior do que o impacto de ver apenas as fotos do local. Como resultado, as vendas e taxas de conversão serão também mais elevadas.

- **Impressão 3D.** Tecnologias de impressão 3D estão em um estágio relativamente inicial, mas as impressoras 3D estão evoluindo, o que as faz ficarem mais baratas, mais rápidas e mais versáteis. As aplicações da impressão 3D estão se espalhando para muitas áreas, o que permitirá a impressão de peças e aparelhos no próprio local de uso, em vez de serem transportadas de um lugar para outro, e isso pode transformar a cadeia produtiva e logística. A impressão 3D também permite o desenvolvimento de prototipagem rápida. Para profissionais de marketing, isso significa testes extremamente rápidos e uma abordagem fiel ao marketing quântico.

- **Carros autônomos e conectados.** Esses veículos já estão sendo produzidos enquanto você lê este livro. Dentro de carros autônomos, os consumidores terão mais tempo para prestar atenção em outras coisas além de dirigir, podendo preencher esse tempo com algum conteúdo que seja importante para eles. Se você tem uma empresa de fast food, quer se certificar de estar diante do consumidor quando ele estiver em um momento impulsivo. Caso seja uma empresa de cartão de crédito, quer ser o método de pagamento dessa transação. Caso seja uma empresa de mídia, você quer capturar a atenção visual e auditiva do consumidor enquanto ele estiver no carro. O carro autônomo, quando combinado com o 5G e outras tecnologias, irá se tornar uma sala de estar ou um escritório móvel, o que abre uma nova série de possibilidades para profissionais de marketing.

- **A Internet das Coisas** (IOT, na sigla em inglês). Quase todos os eletrodomésticos estão sendo conectados à internet. Segundo a célebre frase da Mastercard, "Todo aparelho conectado é um aparelho de comércio". Mas eu iria além: "Todo aparelho conectado é um aparelho de marketing". Em breve, os consumidores serão capazes de falar com sua geladeira, máquina de lavar, lava-louças, termostato e outros aparelhos, e estes irão responder. Esses aparelhos representarão um novo meio com o qual profissionais de marketing irão brincar e que poderão utilizar para alcançar os consumidores de modo altamente contextualizado.

- ***Smart speakers.*** Mesmo que, tecnicamente, *smart speakers* possam ser incluídos entre os aparelhos da Internet das Coisas, eles merecem uma análise distinta, dada a rapidez com que vêm proliferando. Google Home, Alexa e outros aparelhos já estão presentes em 25% das residências nos Estados Unidos. Os consumidores interagem com eles por meio da voz — realizam buscas, fazem perguntas, criam alarmes e lembretes, procuram informações e entretenimento e até fazem compras. Esses *smart speakers* interferem por completo no funil atual de compras. Como eles não têm um meio visual, os profissionais de marketing precisam descobrir como suas marcas podem se destacar em tal ambiente. A Mastercard realizou um trabalho pioneiro no campo de *branding* sônico, e nós iremos ver mais sobre o assunto adiante.

- **Dispositivos vestíveis.** Os *gadgets* vestíveis estão se desenvolvendo de diversas maneiras. Por exemplo, eles rastreiam sinais vitais e de saúde, lembram você de se levantar e até mesmo medem os seus humores, o que os tornam ferramentas efetivas de comunicação e de coleta de dados para os profissionais de marketing. É um ecossistema completamente diferente, com seus próprios padrões e nuances. Assim como no caso da Internet das Coisas, com os *gadgets* há uma oportunidade completamente diferente para que os *players* reúnam padrões, permitindo que profissionais de marketing e consumidores interajam de maneira efetiva e eficiente.

- **Robótica e drones.** Tanto em cenários industriais quanto no varejo, a robótica e os drones podem trazer disrupções substanciais. Já existem diversos hotéis nos Estados Unidos e em outros mercados internacionais que possuem robôs fazendo serviço de quarto ou entregando artigos de toalete e outras amenidades para os hóspedes. Isso está se espalhando rapidamente, com hotéis como Aloft, Hilton e Crowne Plaza investindo em serviços robóticos, alguns com robôs já em atividade.

O KFC mobilizou garçons robóticos em restaurantes no Japão. A Amazon está prestes a realizar entregas por meio de drones,[26] bem como a empresa de logística UPS. Essas duas tecnologias podem causar um impacto profundo sobre o espaço de logística e distribuição de entrega rápida, auxiliando profissionais de marketing a ganhar uma eficiência significativa no quarto P do marketing ("praça", ou seja, distribuição).

Além das disrupções tecnológicas que acabamos de discutir, também haverá algumas profundas mudanças sociológicas e sistêmicas que irão transformar o ecossistema e as práticas do marketing. Como resultado, a maioria das abordagens clássicas será descontinuada. Vamos discutir mais profundamente acerca dessas mudanças ao longo dos próximos capítulos.
Aqui estão algumas delas:

- O conceito de lealdade será completamente transformado. Virão à tona novos conceitos, que aceitam a verdade indiscutível a respeito de como os consumidores realmente veem seus relacionamentos.

- A publicidade vai mudar radicalmente. Conceitos como Marketing Experiencial Quântico irão emergir para se comunicar e se conectar com o consumidor hiperconectado.

- As agências passarão por mudanças. Na verdade, o ecossistema inteiro de publicidade será transformado: linhas tradicionais perderão espaço, e novos modelos de negócios emergirão.

- O marketing será fragmentado. Dada a extensa complexidade do campo e a relativa falta de entendimento fora da área acerca do papel que o marketing representa e pode representar, sua função será fragmentada antes de se unificar novamente.

- O propósito será uma parte indispensável do marketing. Ele se distanciará de uma postura politicamente correta das empresas para ser uma "estrela guia", essencial para a condução da empresa, e será trazido à vida pelo marketing.

- Ética e valores ganharão uma proeminência significativa. A confiança será uma vantagem competitiva enorme. Ética e valores serão a base de tudo e sustentarão a confiança.

- As crises acontecerão com mais frequência, e a gestão de riscos será mais crítica. O marketing estará tanto no centro dos eventos de crise quanto no centro de suas respectivas resoluções. A gestão de riscos se tornará um princípio-chave do marketing.

Para resumir...

O Quinto Paradigma irá aparentar ser um planeta completamente novo para os profissionais de marketing. Novas tecnologias insanas, dados quânticos extraordinários, acesso a momentos fugazes da vida, oportunidade ou ameaça de ações em tempo real, colapso de funis de compra e de outras teorias e *frameworks* clássicos — todos esses aspectos irão alterar completamente o panorama do marketing, o que fará com que os profissionais de marketing precisem reimaginar suas estratégias, estruturas e talentos.

No Quinto Paradigma, as marcas irão criar animação, engajamento e inspiração por seus produtos e serviços, fazendo uso de novas tecnologias, novas mídias, novos *frameworks* e novos insights. Os consumidores vão esperar não apenas ótimos produtos e experiências, eles exigirão também que os profissionais de marketing utilizem todos os recursos disponíveis para causar um impacto positivo na sociedade, seja ao ajudá-la a se tornar mais justa e igualitária, seja para tornar o planeta mais sustentável. Os fatores-chave que determinam o sucesso são: autenticidade, interações e experiências imersivas, marketing em tempo real, marketing sensato e sensível ao longo do ciclo de vida do consumidor, entrega remota e gerenciamento de tudo, desde o ponto mais óbvio, como a logística, até as experiências, demonstrações de produtos e o treinamento e desenvolvimento de times de marketing, de modo que eles aprendam e se mantenham à frente dos campos que impactam sua área.

Os profissionais de marketing precisarão ter a mente aberta e experiência em tecnologias para sobreviver e prosperar durante o Quinto Paradigma. Precisarão dominar o entendimento de tecnologias e suas aplicações, como explicaremos nas próximas páginas. Caso não o façam, provavelmente estarão entre as "baixas" mencionadas no prefácio.

Para o consumidor, o Quinto Paradigma será um labirinto de conteúdo, mensagens, imagens, novos aparelhos e automação, tudo acontecendo em novos níveis de intensidade e complexidade. Como qualquer executivo de marketing — ou estudante, se for o caso — saberá, o marketing deve ir ao encontro do consumidor, agora e sempre. Essa intersecção estará lotada e barulhenta. Essa intersecção é o Quinto Paradigma.

3

Reiniciando a missão do marketing

A atividade no local de interseção entre o Quinto Paradigma e o marketing será enorme. Os profissionais de marketing que pensam que podem simplesmente se aproximar desse local sem o controle apropriado de novas tecnologias e dados analíticos estarão iludindo a si mesmos. Mas, ainda que tenham esse conhecimento em mãos, existe outra exigência crítica para a nova jornada: reiniciar a missão e o papel do marketing. Neste capítulo, cobrirei a reinicialização do marketing, e irei investigar os dados, as tecnologias e ciências nos capítulos seguintes.

Quando me formei no Instituto Indiano de Gestão em Bangalore, na Índia, mais de três décadas atrás, o marketing era uma das melhores escolhas para os formandos. Ele era visto como uma carreira excelente e moderna, que oferecia uma forte trajetória de crescimento, muita criatividade e oportunidades para analisar inovações que estivessem em curso. Era uma função muito visível e que tinha impacto significativo nos negócios.

A área também oferecia recompensas financeiras muito lucrativas e ótimas oportunidades para viajar. Envolvia alavancar tanto o hemisfério direito quanto o esquerdo do cérebro. Na verdade, o marketing provavelmente era o único campo em que uma pessoa jovem e ambiciosa poderia integrar de maneira habilidosa suas proezas analíticas e criativas e ver suas ideias tomarem forma no mercado, diante de seus olhos. Era uma experiência estonteante! Não é de surpreender que, naqueles dias, o marketing fosse uma das opções mais procuradas pela maioria dos melhores alunos.

Mas algo aconteceu ao longo das últimas três décadas. O marketing, de alguma forma, parece ter perdido parte de sua atração gravitacional, de sua glória, glamour e esplendor.

Muitas empresas estão fragmentando e reduzindo o papel do marketing. E não estamos falando de marcas industriais desconhecidas ou de companhias em áreas obscuras. São empresas de Consumer Packaged Goods (CPG) [Bens de Consumo Embalados] renomadas. A Coca-Cola até mesmo eliminou o papel de CMO (felizmente, ela o trouxe de volta, quando sua falta foi sentida de forma clara).

Vamos nos perguntar a razão pela qual os 4 PS do marketing (produto, preço, praça e promoção) estão sendo, cada vez mais, transferidos para outras áreas de gerenciamento. Durante as últimas décadas, o marketing foi personificado como sendo a confluência desses 4 PS, graças ao trabalho seminal de Philip Kotler. Hoje, existe um grande número de empresas nas quais o marketing não gerencia o produto, não gerencia a precificação, não gerencia a praça (distribuição). O marketing mal se mantém no controle de promoções, o que, na melhor das hipóteses, lida com publicidade e promoções. Tirando todas essas funções, é justo perguntar, que raios faz o marketing, afinal?

Esse acontecimento não é incomum. Ao falar com uma série de CMOS ao redor do mundo, vejo que essa tem sido uma tendência crescente nos últimos anos, particularmente na última década. O que aconteceu?

Primeiro, houve uma explosão de tecnologias móveis, a saturação da penetração da internet, o tsunâmi das redes sociais.

Em outras palavras, o Quarto Paradigma do Marketing estava em andamento. Os profissionais de marketing não foram capazes de se manter atualizados com os avanços surpreendentes de tecnologias e dados. Os CMOs normalmente estiveram inclinados para o lado criativo da área e encontravam-se mais à vontade com esses aspectos de seus papéis do que com os analíticos e quantitativos. Portanto, houve um progresso fenomenal nos elementos artísticos, estéticos e de design do marketing. Isso serviu às empresas e seus departamentos de marketing muito bem, até o momento em que dados e tecnologias começaram a afluir para os profissionais de marketing como uma enchente. Tradicionalmente, esses indivíduos não eram muito experientes com esses recursos.

Profissionais clássicos de marketing foram rapidamente ultrapassados por uma nova espécie de técnicos, que mergulharam a fundo na área e viram oportunidades expostas, inexploradas e sem alavancagem. O verdadeiro marketing digital nasceu e começou a estabelecer o passo, a estabelecer processos e metodologias completamente fora do âmbito dos profissionais de marketing. Uma divisão aguda se abriu entre essas duas espécies. De um lado, encontravam-se os profissionais clássicos, mais familiarizados com os 4 PS, com posicionamento, funis de compras e de todos os aspectos mais finos e fundamentais do marketing. De outro, encontrava-se a nova espécie de profissionais contemporâneos de marketing, que possuíam conjuntos de habilidades muito diferentes. Para estes, tudo se trata de dados, tecnologia, experimentação e testes, de operações programáticas altamente automatizadas. Eles não poderiam se importar menos com os aspectos tradicionais do marketing.

Até mesmo hoje, se você pedir a muitos profissionais clássicos para que expliquem exatamente o que acontece dentro de tecnologias programáticas de publicidade, ou dentro de um tipo específico de tecnologia digital, eles estarão, na melhor das hipóteses, cientes acerca do assunto, mas de modo superficial. Aperte um pouco mais e eles estarão completamente perdidos. Eles não estão no comando. Estão à mercê de terceiros, de pessoas que são mais experientes nesse campo.

A seguir: A onda dos dados

A outra onda que chegou à praia foi a dos dados e da análise de dados. Novamente, uma vez que profissionais de marketing e CMOs não provinham desse campo, muitos deles não compreendiam e não possuíam domínio sobre a análise de dados. Ficam esgotados quando alguém despeja muitos dados sobre eles. Atualmente, se os profissionais de marketing não souberem como manobrar essas informações, como alavancá-las e como navegar através desse tipo de análise, eles correm o risco de se tornar obsoletos e irrelevantes.

Existe uma terceira visão a respeito do fenômeno da perda do lugar do marketing à mesa. Com o advento das mídias sociais, houve uma democratização sem precedentes do setor, no qual pequenos negócios passaram a competir de maneira eficiente contra empresas muito grandes. Grandes sucessos nos mercados não são uma prerrogativa apenas de grandes empresas. Qualquer um com uma boa ideia pode alavancar as mídias sociais de maneira efetiva e obter uma visibilidade fenomenal, um impacto incrível e construir suas marcas em um breve período de tempo, dando trabalho para que as grandes companhias continuem ganhando dinheiro. Todos esses desenvolvimentos pegaram os profissionais clássicos de marketing desprevenidos. O mundo rapidamente os ultrapassou, e muitos realmente não foram capazes de continuar no topo de suas áreas durante essa alteração de paradigma. E tudo isso estava acontecendo durante o Quarto Paradigma!

Normalmente, as despesas com marketing e publicidade tendem a estar entre as mais significativas nas declarações de lucros e perdas, além de tecnologia e custos de folha de pagamento. Nesse cenário, muitos CEOS e CFOS[27] poderiam observar os dólares de marketing e publicidade como um recurso fungível, a partir do qual poderiam retirar dinheiro quando passassem por um aperto. Quando um profissional de marketing não consegue conectar de forma clara os pontos entre suas atividades e os resultados de negócios, ou não consegue quantificar seu impacto nos negócios, ele não conseguirá justificar seus orçamentos. Normalmente, quando são perguntados o que, exatamente, o marketing está realizando em prol dos resultados financeiros, de receita e de crescimento da empresa, esses profissionais agem como se tivessem sido pegos de calças curtas. Quando isso acontece, eles estão acabados.

Quando suas respostas para questões financeiras são em termos de reconhecimento da marca, predisposição da marca, Net Promoter Scores[28] e uma série de outras métricas importantes de marca, eles perdem toda sua audiência e credibilidade. Perguntas financeiras exigem respostas financeiras. Métricas de marca são absolutamente relevantes, mas, em geral, as pessoas fora da área do marketing tendem a se importar menos com elas. E mais, é percebido que essas métricas possuem mais efeitos de médio a longo prazo sobre resultados de negócios, enquanto promoções e ofertas possuem um impacto mais imediato. Portanto, a tendência do CEO, CFO ou dos responsáveis pela área de P&L[29] é pressionar por campanhas geradoras de vendas, com a mentalidade de que é preciso, em primeiro lugar, entregar o hoje, para então sermos capazes de ver um amanhã. Vamos nos preocupar com o amanhã quando ele chegar. O impacto da marca é visto no longo prazo, mas, no longo prazo, todos nós estaremos mortos de qualquer jeito. Então por que se importar com a marca?

Da mesma maneira, prêmios de marketing e publicidade são mais relevantes para os profissionais da área. Dito de maneira educada, aqueles fora desse ambiente não poderiam se importar menos com os prêmios. As pessoas têm pouco tempo, apreço ou paciência por tais premiações. Entretanto, não é preciso dizer que os prêmios são incrivelmente importantes para as equipes de marketing e suas agências parceiras — eles são um reconhecimento, por parte de seus pares na indústria, do importante trabalho que estão realizando.

Durante minha experiência, observei profissionais de marketing evitando as perguntas difíceis de CEOS e CFOS. O que não serve bem a eles nem à sua função. Essas esquivas indicam falta de competência e de comando. As pessoas de vendas, finanças, e até mesmo muitos CEOS, são rápidas em rotular a marca e a função do marketing como frouxas e dispensáveis. A não ser que entendam os aspectos mais finos e fundamentais do negócio, os profissionais de marketing nunca serão efetivos em se posicionar, defender e advogar em nome da função.

Muitos CMOS e profissionais de marketing tendem a considerar a construção, a diferenciação, o posicionamento e o marketing da marca como sendo suas responsabilidades mais sagradas. Ao mesmo tempo, existem as empresas do outro lado, que focam em áreas como marketing de desempenho e marketing operacional, com ênfase especial em impulsionar números, obter *leads* de vendas, tráfego de clientes, conversões de vendas etc. Os profissionais de marketing de desempenho normalmente estão em uma posição muito melhor, pois todos na empresa conseguem observar e compreender a correlação entre suas ações e resultados de vendas. Mas seu foco permanece, predominantemente, no desempenho do dia a dia, de semana a semana e de mês a mês. Em muitos casos, esses profissionais, e, portanto, suas empresas, tendem a negligenciar a construção da marca. Por ser uma atividade de médio a longo prazo, os resultados são menos conclusivos. É mais difícil estabelecer a conexão entre a força de uma marca e seu crescimento, ou entre a força de uma marca e sua retenção de negócios. Se os profissionais de marketing forem puristas focados apenas em branding, eles serão notados como molengas, sem entendimento do negócio.

No Quinto Paradigma, a missão de um profissional de marketing quântico precisa se apoiar em quatro pilares:

1. **Construção da marca.** Atualmente, a marca não é apenas sagrada, ela é vital para a diferenciação, a percepção de valor e também como vantagem competitiva. Construir uma marca poderosa é um ponto crítico para a saúde de curto, médio e longo prazo da empresa. Os profissionais de marketing são os intendentes da marca, e precisam construí-la visando ao futuro, independentemente de seus parceiros de negócios conseguirem ou não apreciar suas ações.

2. **Gestão de reputação.** Em muitas empresas evoluídas, os setores de marketing e de comunicação/relações públicas (RP) se fundiram. Afinal de contas, eles são um *continuum*. O marketing é a marca falando a respeito de si mesma. O RP trata de fazer com que outras pessoas falem da marca de maneira positiva. A

postagem nas redes sociais, que tem o potencial de criar ou destruir uma marca, seria uma responsabilidade do marketing digital ou das comunicações digitais? Não importa. É isso mesmo! Em um mundo onde estão presentes diversas falas negativas e *fake news*, mais cedo ou mais tarde muitas marcas receberão comentários que causarão má impressão. Os profissionais de marketing precisam possuir planos para defender suas marcas, proteger sua reputação e não permitir que a confiança dos clientes seja erodida. Quer seja a partir da construção ou do gerenciamento da reputação da marca, no final do dia isso continua sendo gestão de marca; e isso está no cerne da ação de um profissional de marketing quântico.

3. **Impulsionar o crescimento do negócio.** O marketing deveria ser realizado não pelo bem do marketing, mas de modo a auxiliar o crescimento lucrativo do negócio. Essa é uma responsabilidade muito importante da área. O marketing de desempenho ajuda a estimular o crescimento geral de um negócio. Em uma empresa que não é conduzida pelo marketing, como a maioria das organizações, a não ser que o profissional do setor assuma a responsabilidade pelo crescimento do negócio e realmente o esteja alimentando, ele não será levado a sério. Para ser justo, qual o sentido de criar uma marca magnífica se ela não instigar um crescimento lucrativo do negócio? Os profissionais de marketing deveriam ajudar a impulsionar o crescimento da empresa, quer isso esteja ou não sob sua responsabilidade formal.

4. Criar plataformas para sustentar vantagens competitivas.
O quarto pilar do marketing quântico se refere à construção de uma vantagem competitiva sustentável por meio de plataformas, parcerias, Propriedades Intelectuais (PI), entre outras coisas. Esta será uma parte muito importante e significativa dos papéis de profissionais de marketing, particularmente nos contextos em que não se controlam todos os 4 PS. Eles ainda podem construir uma vantagem competitiva significativa ao construir plataformas que alavanquem ativos e propriedades de marketing, e as PIS que as acompanham, para diferenciar a marca e manter esse diferencial de modo sustentado e contínuo em longo prazo. Em outras palavras, construir um fosso econômico forte, fundo e largo ao redor da empresa, de seus produtos e soluções.

Muitas empresas não estão equipadas bem o suficiente, seja pela falta de talentos de marketing ou de lideranças com experiência em tecnologia, seja pela falta de competências e capacidades para atacar esses quatro pilares de frente (veja a Figura 3). Essa deveria ser a primeira prioridade de responsabilidade e foco para todos os CMOs. Existem profissionais de marketing com muita capacidade e força. Existem os profissionais clássicos de marketing, os contemporâneos, os de desempenho e os inovadores. Uma empresa precisa de uma boa e saudável dose desses quatro tipos de colaboradores. Ela precisa realizar um treinamento cruzado com essas pessoas, para que elas sejam capazes de transitar entre múltiplas áreas: entre marketing quantitativo, marketing qualitativo, marketing de desempenho, gestão de processos do marketing ou da inovação dentro do marketing.

OS QUATRO PILARES DA MISSÃO DO MARKETING

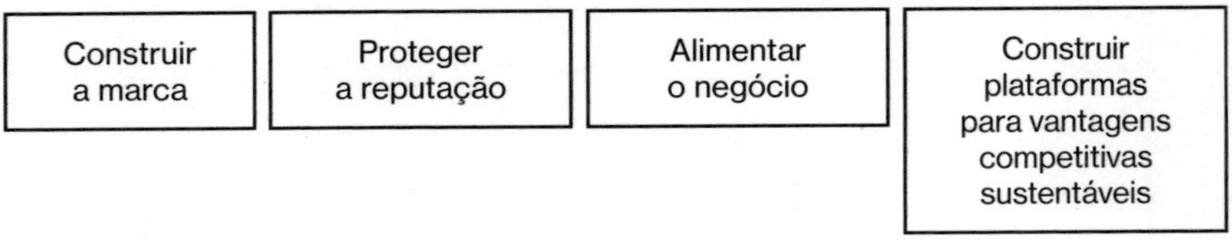

Construir a marca	Proteger a reputação	Alimentar o negócio	Construir plataformas para vantagens competitivas sustentáveis

Figura 3

Cada uma dessas capacidades fará com que a empresa se destaque. Com o advento e a introdução de uma nova gama de tecnologias durante o Quinto Paradigma, tornou-se crítico contratar profissionais de marketing que entendam de tecnologia. Uma empresa também precisa de técnicos, especialistas de aquisição, de finanças e da área jurídica, de analistas de dados e gestores de risco, todos envolvidos com o setor de marketing, ou apoiando-o de fora, mas de maneira profunda. O marketing precisa absorver a profundidade de suas atividades diárias conectado a todas essas áreas para que seja ágil e efetivo, pois se tornará cada vez mais complexo. Chegou o momento de os profissionais de marketing equiparem a si mesmos para fazer justiça tanto aos seus cargos quanto às suas funções.

O tipo de talento a ser atraído nos níveis iniciais será crucial para as bases da função do marketing no futuro. Entretanto, entre os estudantes saindo das universidades e procurando se juntar a empresas, os melhores alunos normalmente gravitam em direção ao Vale do Silício, ao empreendedorismo, a bancos de investimento ou empresas de consultoria. Apenas um punhado de pessoas diria que o marketing é sua primeira opção. De fato, um estudo realizado em 2019 mostrou que engenharia, enfermagem e o setor comercial eram as três principais escolhas de trabalho para formandos universitários. Seria preciso chegar ao sexto lugar para encontrar uma carreira relacionada ao marketing (gestão de projetos). Um estudo fascinante da Association of National Advertisers (ANA) mostrou recentemente quão longe está a realidade do marketing da percepção das universidades. O marketing, de acordo com a ANA, é simplesmente "publicidade e vendas". Eles descobriram que um grande número de estudantes não tinha nenhuma ideia sobre sua função. Muitos deles até mesmo possuíam impressões negativas a respeito da área, vendo o marketing como algum tipo de golpe. É um estudo fascinante e terrível. Ele descreve o péssimo estado das percepções acerca do campo. A ANA até mesmo lançou uma iniciativa chamada "façam o marketing do marketing", o que realmente é muito apropriado e extremamente necessário![30]

É bem importante inspirar e preparar estudantes para uma carreira no marketing. No entanto, os estudos de caso e materiais utilizados em muitas escolas de MBA estão ultrapassados. Nos dias de hoje, quando os acontecimentos estão avançando de forma tão rápida e mudando todos os dias, é absolutamente fundamental equipar os estudantes com os melhores e mais recentes materiais possíveis. Muitos professores de marketing o praticaram antes do advento das redes sociais. Eles poderiam se beneficiar de passar um período de tempo seguindo alguns CMOS para observar a realidade cotidiana atual. E mais, profissionais de marketing na ativa deveriam prover as universidades com os estudos de caso mais recentes, de forma a equipar os professores para auxiliar na formação da próxima geração de talentos. CMOS e outros profissionais seniores precisam visitar universidades, interagir com estudantes, exibir a função do marketing e realmente inspirá-los.

Sunil Gupta, professor de marketing na Harvard Business School, concorda. "O marketing se alterou dramaticamente em anos recentes", disse-me ele. "Ele se tornou muito mais baseado em dados e em tempo real. A única forma pela qual conseguiremos trazer essas novas perspectivas para nossos estudantes será por meio de atualizações constantes de nosso conhecimento e a partir da colaboração com líderes da indústria, que estão encabeçando essa revolução."

Simplesmente não existe função tão emocionante e bem posicionada para desbloquear as oportunidades e potenciais incríveis que estão logo à nossa frente. Serão tempos fascinantes. Não existe uma época melhor do que a atual para se estar no marketing. E é isso que precisamos fazer os estudantes entenderem. Também é importante que as pessoas que estão crescendo em qualquer organização passem um período no marketing antes de chegar à diretoria executiva.

Isso também vale para profissionais de marketing. Antes de chegar aos níveis superiores, eles deveriam passar períodos em outras funções e, idealmente, ganhar alguma experiência com a gestão financeira em seus currículos. Essa é uma receita para o sucesso. Fui afortunado por ter passado metade da minha carreira gerenciando lucros e resultados e a outra metade realizando gerenciamento de marketing. Meu CEO, Ajay Banga, iniciou sua carreira no marketing e em vendas e cresceu passando por diversos papéis de gestão de negócios antes de, por fim, assumir como CEO da Mastercard. Banga tornou-se um dos CEOs mais bem-sucedidos, acompanhando a empresa por mais de uma década, envolvido em crescimentos e sucessos extraordinários. Ele entende a importância e o valor do marketing. Parabéns a ele; ele aconselhou veementemente que todos na empresa que fossem gerentes gerais, antes de alcançar postos na diretoria executiva, passassem um período no setor de marketing. Isso teve um impacto cultural profundo na empresa.

Mas isso exigiu que um CEO desse o direcionamento, a partir do topo da organização. Cabe aos CMOs ganhar credibilidade e demonstrar o valor do marketing para seus CEOs, particularmente se estes não tiverem sido expostos a um marketing profissional e robusto que tenha gerado bons resultados.

Muitas empresas na indústria de bens de consumo embalados sempre se guiaram pelo marketing; o restante da empresa se organizava em torno do cronograma estabelecido pelo marketing para levar a companhia a ser bem-sucedida. Mas, em outras indústrias, o marketing tende a exercer uma função de suporte, e não uma função principal. O cronograma é estabelecido pelo dono do negócio, ou pelo diretor de vendas, ou pelo diretor do país ou região. É importante reconhecer a diferença. Quando tais empresas contratam alguém de uma indústria de bens embalados ou de bens de consumo rápido, o novo contratado tem dificuldade em não estar no comando. É importante, atualmente, que os profissionais de marketing entendam que a hierarquia ou quem estabelece o cronograma não é tão importante quanto o valor ou qual contribuição eles podem trazer para a empresa e que tipo de influência podem ter. Caso os profissionais de marketing adotem esse *mindset*, as oportunidades abertas serão absolutamente abundantes. Essa é a mentalidade vencedora para que se tornem verdadeiros parceiros comerciais.

Para de fato reiniciar a missão do marketing com base nos quatro pilares, os profissionais de hoje não podem mais se dar ao luxo de ser especialistas em marketing. Profissionais de marketing quântico precisam possuir um bom entendimento acerca de dados, tecnologias digitais, relações públicas, comunicações, vendas, dinâmicas comerciais, situação financeira da empresa, devem ser geradores de crescimento, e por aí vai. Eles operam na confluência de todas essas funções, além de outras. Portanto, de modo geral, o profissional de marketing quântico precisa ser um gerente geral versátil com um profundo conhecimento de marketing, em oposição a alguém que é um especialista funcional. Eles precisam possuir a mentalidade de um gerente comercial, com um entendimento profundo e uma intensa tendência para o marketing. Precisam ser inspiradores o suficiente para fazer com que seus times pensem de maneira grandiosa e fora da caixa, e para guiá-los conforme for necessário.

Uma vez um CFO me perguntou: "O que o marketing tem de especial?". Na cabeça daquela pessoa, o profissional de marketing simplesmente entrega um briefing para uma agência, paga as taxas dela e aprova as grandes ideias que ela criou. Só isso. Infelizmente, quando colegas possuem zero entendimento sobre o marketing e o que ele pode fazer, torna-se uma difícil batalha morro acima. Mas cabe aos profissionais da área educar, convencer e influenciar de maneira tática seus pares e colegas. Nada prova melhor para a empresa o valor da função, em curto prazo, do que apresentar resultados de negócios melhores como consequência dos esforços de marketing.

Para uma verdadeira reinicialização, o CEO precisa endossar a missão do marketing. Algumas empresas são mais evoluídas e sofisticadas, estão mais adiante na jornada e se movimentam na direção correta. Outras estão para trás e precisam apertar o passo rapidamente, pois mudanças quânticas gigantescas estão se aproximando logo ali na esquina. E, se não estiverem bem preparadas, o tsunâmi de competição e de forças de mercado irá afogar a função do marketing e a empresa. Mas, se estiver bem preparada e bem posicionada, uma empresa poderá desbloquear e despertar o verdadeiro e enorme poder do marketing.

Chegou a hora de trazermos de volta a glória e a atração gravitacional de nossa área. Vamos começar com uma missão clara.

Para resumir...

- Muitas empresas estão fragmentando e reduzindo o papel do marketing em suas organizações. Esse movimento tem suas raízes em uma inabilidade de se manter a par dos dramáticos avanços de tecnologias e dados.

- A missão do profissional de marketing quântico se apoia em quatro pilares:

  1. Construção da marca.
  2. Gerenciamento da reputação.
  3. Impulsionamento do crescimento do negócio.
  4. Criação de plataformas para sustentar vantagens competitivas.

- CMOS precisam ganhar credibilidade e construir um relacionamento com o CEO de modo a fazer com que a cultura da empresa passe a valorizar e alavancar o marketing. Uma função de marketing empoderada pode desbloquear um potencial enorme para a empresa.

4

O dilema dos dados

Uma vez que se conheça a missão correta, o próximo foco deve ser trazer essa missão à vida e ser capaz de executá-la. Os profissionais de marketing precisam obter uma boa dose de conhecimento e possuir um bom entendimento em muitas áreas para que sejam capazes de prosperar durante o Quinto Paradigma. Ao longo deste e dos próximos capítulos, vou discorrer sobre essas áreas, cobrindo desde tecnologia até as ciências por trás do marketing. No entanto, o mais importante deve vir em primeiro lugar. Os profissionais de marketing precisam entender e dominar dados, análise de dados e IA. Os dados são a *commodity* preciosa do Quinto Paradigma. Vamos começar a desvendá-los.

Eu trabalhei no Citibank de 1994 a 2009. Logo no início, em 1995, estabeleci a primeira unidade de análise de dados nos Emirados Árabes. Naquela época, as análises eram utilizadas primordialmente para o recém-lançado ramo de cartões de crédito. E os resultados logo se tornaram evidentes. Sendo uma das últimas empresas a entrar no mercado, rapidamente nos expandimos, e dentro de apenas um ano nos tornamos líder do setor na região e estabelecemos um empreendimento robusto e lucrativo. Detalhe, aquele mercado era movido principalmente por dinheiro vivo; eis que nós aparecemos com cartões de crédito e fizemos com que tanto a nossa categoria quanto a nossa marca crescessem. Desde então, descobri o imenso poder que os dados podem trazer ao marketing. Eles sempre foram e sempre serão indispensáveis em meu conjunto de ferramentas de trabalho. Em todas as indústrias das quais fiz parte desde então, descobri que as análises de dados são uma das principais impulsionadoras de formulações estratégicas sensatas e de sua execução eficiente.

Considerando quão vital será o papel dos dados durante o Quinto Paradigma, e que a maioria dos profissionais de marketing provém do lado não quantitativo do espectro, ao longo deste capítulo abordarei, em termos simples, a maioria dos aspectos relacionados a dados que um profissional da área precisa conhecer.

A análise de dados no marketing atingiu a maioridade com as empresas de cartão de crédito nos Estados Unidos, as quais enviavam por correio bilhões de peças publicitárias todos os anos. Para cada milhão de peças que enviavam, o número de pessoas que respondiam mal chegava a quatro mil. O que representa apenas 0,40%. Dito de outra maneira, 99,6% de seus envios eram jogados direto na lata de lixo. De certo modo, esse era o exemplo supremo de "divulgar e rezar", em oposição ao direcionamento preciso e eficiente.

Diante disso, as empresas começaram a analisar novas maneiras de identificar clientes em potencial que fossem, de um lado, mais propensos a responder à publicidade, mas, por outro, que fossem mais lucrativos ao longo da duração do relacionamento. Isso exigiu análises de dados poderosas, fazendo com que fosse necessário que os profissionais de marketing entendessem e alavancassem o poder dessas informações de maneira efetiva. Aquelas empresas de cartões e bancos que souberam utilizar os dados a seu favor possuíam vantagens competitivas substanciais. Os dados começaram a se tornar a nova moeda para que alguém se diferenciasse e se destacasse no mercado.

Com o advento de bases de dados empresariais, os profissionais de marketing foram capazes de computar valores de vida de seus clientes ao longo de todos os relacionamentos que estes possuíam com a empresa. Isso permitiu que se criassem estratégias baseadas em relacionamentos, em oposição a estratégias baseadas em produtos.

Com a chegada do Google e das diversas plataformas de anúncios, os profissionais de marketing que estavam alavancando os canais digitais começaram a genuinamente apreciar o poder dos dados, e perceberam a oportunidade de se chegar, como nunca antes, a insights precisos, direcionados e práticos. Isso os ajudou a refinar suas mensagens e criar promoções altamente otimizadas, as quais motivariam os consumidores a escolher uma marca no lugar de outras. Os profissionais de marketing de repente haviam ganhado a habilidade de servir os consumidores com anúncios contextualmente relevantes. Conseguiram medir o retorno sobre o investimento de marketing (Romi, na sigla em inglês) de maneira bem precisa. Tornou-se evidente que os dados brutos não fornecem vantagens competitivas, mas sim a habilidade de brincar com eles, de analisá-los e agir com base neles.

Tudo isso exigiu uma coleta constante de dados, atualizações e limpezas de suas bases, análises tão próximas do tempo real quanto possíveis, e a habilitação de ações reativas e proativas. Quando os profissionais de marketing casaram seus dados (dados de primeira parte) com dados de terceiros comprados de outras organizações, eles enriqueceram significativamente em qualidade e profundidade os seus insights. O que, em troca, tornou o marketing muito mais efetivo.

Rohit Chauhan, vice-presidente executivo de inteligência artificial na Mastercard, resumiu muito bem a questão:

> Os dados são literalmente um oceano. Você precisa assimilar tudo e abstrair o sentido deles. Se você retirar os excessos, sobrarão três grupos de dados: os descritivos (o que aconteceu), os preditivos (o que irá acontecer) e os prescritivos (quais são as dimensões das informações dos consumidores). Eu posso lhe apresentar uma analogia simples que demonstrará a diferença entre eles. As empresas que dependem principalmente de dados descritivos são como motoristas guiando um carro enquanto olham o espelho retrovisor. É útil, mas somente até certo ponto. As empresas utilizando dados preditivos estão prevendo o futuro e se preparando para ele. Estão dirigindo o carro enquanto olham através do para-brisa e para a estrada à sua frente. O que é bom. Mas sabe o que pode ser melhor do que isso? Dirigir com a ajuda de um GPS! Esses são os dados prescritivos. Eles avisam você em qual rua virar, quão longe você está de seu destino, se existe algum acidente ou buraco à frente etc. Eles elevam sua eficiência e efetividade na direção a um nível completamente diferente.

Essa é uma maneira realmente brilhante de se explicar a essência da coisa! Dados prescritivos se relacionam não apenas com ver o que está atrás e o que está à frente, mas com a observação do que não é visível para você no momento.

Privacidade de dados

Dados também são uma faca de dois gumes. Por mais que eles forneçam insights para a realização de um marketing relevante e efetivo, também podem comprometer os consumidores, caso não estejam bem protegidos. Por exemplo, se uma pessoa for para o hospital fazer alguns exames e esses dados médicos caírem nas mãos erradas, essa pessoa pode enfrentar sérios problemas. Caso os dados caiam na mão de potenciais empregadores, estes poderiam utilizá-los para decidir não contratar o indivíduo, caso a condição de saúde levantasse suspeitas para a empresa em termos do desempenho e produtividade daquela pessoa.

Esse tipo de disponibilidade e utilização dos dados pode afetar indivíduos de maneira severa, adversa e injusta, além de poder privá-los de oportunidades. Para evitar isso, uma série de regulamentações foram postas em vigor para prevenir que pessoas abusem e utilizem os dados de maneira indevida. Nos Estados Unidos, a Health Insurance Portability and Accountability Act (HIPAA) [Lei de Responsabilidade e Portabilidade de Seguros de Saúde] protege toda informação médica e previne potenciais más utilizações e abusos que poderiam, em outras circunstâncias, destruir a vida de pessoas. Irônica e infelizmente, até hoje esse tipo de proteção de dados médicos não está em vigor em muitos países.

Indústrias distintas se encontram em níveis diferentes de evolução no quesito da alavancagem de dados. Por exemplo, a indústria médica, mesmo em países desenvolvidos, continua na idade das trevas no tocante à coleta, à compilação e ao compartilhamento de dados. Em um mundo ideal, quando um paciente recebe cuidados em um hospital, os médicos e equipes clínicas deveriam possuir acesso a todos os dados médicos do paciente, provenientes de atendimentos anteriores. Isso forneceria um panorama acerca da condição de saúde do paciente. Infelizmente, os sistemas e padrões de dados dos hospitais variam, tornando difícil o compartilhamento preciso do histórico médico do paciente que poderia assegurar resultados informados, otimizados e de alta qualidade.

"A indústria de cuidados de saúde possui uma enorme oportunidade para alavancar seus dados, permitindo que os provedores aprendam mais a respeito do histórico de um paciente, particularmente daqueles com doenças crônicas", disse John Starcher, presidente e CEO da Bon Secours Mercy Health.

> Quanto mais sabemos acerca do histórico e do estilo de vida de um paciente, mais podemos utilizar abordagens de tratamento inovadoras e modelagens preditivas para moldar comportamentos e manter os pacientes saudáveis, em vez de tratá-los só quando estiverem muito doentes. A consolidação de dados ajuda os provedores a garantir que estão fornecendo os serviços de cuidados médicos mais apropriados, eficientes e com melhor custo-benefício. Reduzir custos desnecessários com cuidados médicos é uma prioridade para todos os provedores de serviços de saúde.

Como isso é relevante para profissionais de marketing? Bem, para os profissionais na indústria de serviços de saúde, quando os dados médicos são combinados com dados de estilo de vida (incluindo o que compro, onde como etc.), os insights gerados podem ser muito poderosos e auxiliar a projetar estratégias de mensagens efetivas, além de criar incentivos eficientes e programas de recompensas feitos sob medida para auxiliar o paciente a buscar e aderir a hábitos e estilos de vida saudáveis.

Os sensores sabem de cada passo que você dá

Agora iremos nos aprofundar no Quinto Paradigma. Se os profissionais de marketing pensavam que já estavam se afogando em um tsunâmi de dados, é melhor que se preparem. Aparelhos conectados estão em todos os lugares, e há muitos, muitos mais por vir. Um celular é um sensor em diversos níveis. Nós usamos nossos celulares para tudo, para realizar desde chamadas até compras, ou mesmo para rastrear nossas métricas de saúde. Para um consumidor, ele é uma janela virtual para o mundo. Para o profissional de marketing, é uma janela virtual para a vida e estilo de vida do consumidor!

Já existe uma série de sensores no mercado, e mais estão a caminho: lâmpadas inteligentes (Philips), geladeiras conectadas (Samsung), lava-louças *smart* (Whirlpool), máquinas de lavar roupa e secadoras *smart* (Maytag). Além de dispositivos (*gadgets*) vestíveis: relógios (Apple), anéis (Oura), medalhões (Evermée), roupas (Levi's) e sapatos (Adidas) com sensores. Até mesmo monitoradores de sono (Owlet) e vasos sanitários (Kohler) conectados. Existem também termostatos inteligentes (Nest), *smart speakers* (Alexa) e fechaduras inteligentes (Ring). Todos esses aparelhos rastreiam cada passo que você dá, cada respiração sua... Isso me lembra daquela música do The Police.

A cada segundo, os consumidores estão fornecendo mais dados do que podem ser coletados, compilados e analisados.

A pura natureza quântica dos dados e a velocidade com a qual estão sendo gerados são estarrecedoras. As empresas precisam repensar todas as suas estratégias de dados e toda sua arquitetura de tecnologia para este futuro iminente. Quais dados são relevantes e quais são mero entulho? As empresas precisam se resguardar contra a ganância por dados, mas também precisam se certificar de que não estão sendo prejudicadas pelo que veem como possibilidades hoje *versus* como o mundo pode evoluir em direções inesperadas amanhã.

A disponibilidade de dados em tempo real poderia ser uma benção, mas isso apenas se as ações que eles demandem forem executadas em tempo real. Os profissionais de marketing provavelmente ganharão muito em termos de competitividade caso abordem a realidade contextual dos consumidores nesse instante, sem serem invasivos. Portanto, a tecnologia, a arquitetura e os processos do marketing precisam ser capazes de: coletar dados em tempo real; agregá-los e mapeá-los de maneira sensível e precisa; analisá-los em busca de insights específicos ou gerais; conectar esses insights a possíveis ações; lançar tais ações por meio dos canais mais apropriados; medir a efetividade, ou a falta dela, nas ações de campanha; atualizar as campanhas com os dados recebidos no seu decurso; analisar, tratar os dados; e repetir. Os processos de assimilação de dados e de análise em tempo real serão, ambos, absolutamente essenciais, assim como o desenvolvimento de campanhas em tempo real e a capacidade de execução ao longo do Quinto Paradigma.

Um dia na vida dos dados

Permita-me tornar isso tangível ao descrever um dia na vida de alguns consumidores...

Eles acordam pela manhã. Seus monitores de sono, *gadgets* vestíveis, as camas conectadas ou os telefones, ou todos os anteriores, sabem exatamente quando esses consumidores acordaram e irão relatar essa informação para a nuvem. Os aparelhos sabem qual a qualidade do sono que eles tiveram. Eles vão ao banheiro, escovam os dentes com a escova de dente conectada (cortesia da P&G, que os guia na escovação daquelas áreas de difícil acesso que não estão escovando bem, ou os faz reduzir a pressão nas áreas em que o esmalte do dente está desgastado), pesam-se em uma balança conectada (cortesia da Withings, que os alertará caso tenham perdido peso de maneira repentina, o que poderia significar um ataque cardíaco iminente), utilizam o vaso sanitário com sensores e mecanismos de análise de urina e fezes acoplados (cortesia da Philips, cujos vasos serão pré-programados para realizar avaliações rotineiras e relatar caso encontrem algo diferente), tomam banho com o chuveiro conectado (que pode ser da Koehler, o qual mede o consumo e a temperatura da água, podendo sugerir maneiras melhores de economizar e de não baixar sua pressão sanguínea abaixo de determinado nível por causa de um excesso de temperatura), em seguida irão retirar itens de suas geladeiras conectadas para seu café da manhã (cortesia da Samsung, que irá fazer um pedido dos itens que estiverem acabando e potencialmente manter uma contagem de calorias baseada em seu consumo). Suas torradeiras, seus micro-ondas e seus fogões podem comparar seus resultados com os dados coletados da geladeira e validar a quantidade e o tipo de seu consumo, bem como seus hábitos gerais de dieta, para em seguida transferir as informações diretamente para seu aplicativo de saúde.

Depois, os consumidores entrarão em carros conectados e autônomos para ir a algum lugar. Nesse momento, o carro irá magicamente sugerir onde podem parar para um cafezinho rápido, cortesia da Starbucks, que, por sua vez, sabe que eles estão em uma rota específica que, por acaso, passa por uma de suas lojas; na verdade, o fato de a loja estar localizada nesse local específico se baseia em dados de tráfego anteriores, vindos de carros autônomos e rastreadores GPS. Quando vão pegar o café, seus rostos são bem conhecidos para o sistema da Starbucks, portanto não precisam se preocupar com coisas mundanas como pagamentos; tudo isso acontece em segundo plano. Quando finalmente deixam o carro e pisam o chão, o outdoor mais próximo saberá quem eles são, a partir do cruzamento de diversas migalhas de dados, e anunciará quais ofertas especiais estão nas proximidades, exclusivamente para eles, apenas durante aquele dia (cortesia Qualcomm). Sim, outdoors serão capazes de apresentar anúncios customizados apenas para aquele consumidor. Para um profissional de marketing, esse meio não é diferente de um canal digital comum, que poderia ser acessado por meio de um tablet ou smartphone. É apenas outra nova tela versátil.

Mas tudo isso chega com uma enorme responsabilidade por parte dos profissionais de marketing: proteger a privacidade dos consumidores. Um estudo de 2019 da Clearing House mostrou que os consumidores geralmente apresentam uma falta de conhecimento acerca de quais dados estão sendo coletados — por exemplo, 80% não estão totalmente cientes de que aplicativos ou terceiros podem armazenar seus nomes de usuário e senhas de contas bancárias. Os consumidores também não estão cientes a respeito do período de tempo em que se pode acessar os dados — por exemplo, apenas 21% estão cientes de que aplicativos financeiros possuem acesso aos seus dados até que revoguem seus nomes de usuário e senhas.[31]

Aplicativos são os principais "delinquentes". Outro estudo, realizado por um consórcio de universidades, mostrou que aparelhos móveis de pelo menos duzentos fabricantes já vêm com softwares pré-instalados que coletam dados do usuário.

Esses aplicativos podem acessar o microfone, a câmera e a localização sem nunca perguntar nada ao usuário final, o que, em tese, deixa os consumidores completamente inconscientes acerca das perigosas invasões de privacidade.[32]

Será um mundo louco, se já não é, em busca de capturar cada bit de dados a respeito de cada aspecto do consumidor, do nascer do sol ao poente, e até mesmo durante o sono. Existe uma corrida, semelhante à corrida do ouro no Velho Oeste, para coletar todas as migalhas de dados, para ser capaz de construir uma imagem acerca de quem é o consumidor (supostamente, sempre com permissão). Mas os consumidores muitas vezes não percebem que estão consentindo em que uma série de aparelhos e provedores de serviços capturem cada ponto de venda de dados em que conseguem pôr as mãos. Normalmente, seja como forma de obter cobertura legal ou a partir de uma tendência exploradora e quase antiética, as empresas apresentam termos e condições de uso e exigem que os consumidores os aceitem antes de dar acesso a seus sites, aplicativos ou o que for. Honestamente, quem acredita que alguém, além de advogados e nerds, leia esses termos? Os consumidores, seja por submissão, preguiça ou falta de escolha, aceitam e vendem suas vidas. Este é um admirável mundo novo. E não deveria ser assim. Discutiremos mais a respeito desse assunto em um capítulo posterior, sobre ética.

Os profissionais de marketing precisam ser cuidadosos para que os sensores, ou qualquer outra tecnologia que siga os rastros digitais de um consumidor, sejam transparentes em seu propósito. Houve alguns exemplos chocantes de consumidores contribuindo sem saber com dados pessoais que as empresas vendiam em seguida. Considere o que acontece quando alguém envia um frasco de saliva para uma análise de DNA, seja para saber mais sobre sua genealogia ou para receber uma dieta personalizada e recomendações de remédios. A pessoa sabe que está compartilhando seu DNA com uma empresa que trabalha com genomas, mas, mesmo que possam ter optado por dar essa permissão, podem não perceber que seus dados serão revendidos para firmas farmacêuticas.[33]

Muitos aplicativos utilizam a localização do consumidor para entregar anúncios personalizados. Mas esses aplicativos não deixam claro que alguns *hedge funds* também podem comprar tais dados com a finalidade de analisar comportamentos e informar suas projeções de vendas de varejo.[34] Na maioria dos casos, os dados são vendidos de forma anônima, o que minimiza o problema. Mas, ainda assim...

Toda essa quantidade inacreditavelmente enorme de dados quânticos está sendo salva na nuvem, com os custos de armazenamento caindo a cada segundo. Com os custos de processamento também caindo a cada segundo, os profissionais de marketing podem compilar e organizar esses dados, analisá-los em tempo real e obter insights incrivelmente poderosos e práticos.

Um mundo além dos cookies

Vamos nos lembrar de que a privacidade é um direito humano. Foi o que disse em 2018 Tim Cook, CEO da Apple, de maneira muito enfática. Ele descreveu quatro direitos-chave de privacidade: o direito de ter os dados pessoais minimizados; o direito de os usuários saberem quais de seus dados estão sendo coletados; o direito de acessar esses dados; e o direito de que esses dados sejam guardados em segurança.[35] E, conforme a sensibilidade à proteção da privacidade dos consumidores ganha ímpeto, todos nós começamos a ver algumas mudanças significativas na indústria de publicidade. No começo de 2020, a Google anunciou que dentro dos próximos dois a três anos irá proibir que cookies sejam instalados em seu navegador. A Apple anunciou exatamente a mesma coisa, alguns meses antes. Essas são notícias excelentes para os consumidores. E são um enorme problema para os profissionais de marketing. (Bem-vindos ao Quinto Paradigma!) Sem os cookies, como os profissionais de marketing podem saber acerca do comportamento do consumidor e como podem direcioná-los de maneira efetiva? E, quanto ao redirecionamento, quais as várias categorias de negócios, incluindo o varejo, eles têm utilizado lucrativamente? Sem dúvida, essa guinada de distanciamento dos cookies vai perturbar, e muito, o comércio de anúncios.

Nós podemos abordar um futuro sem cookies, ao mesmo tempo que somos amigáveis com o consumidor e protegemos sua privacidade. Enquanto não existe uma bala de prata, algumas organizações estão tentando solucionar o problema. Uma dessas soluções seria uma identificação digital. Um consumidor faz o requerimento e recebe uma identificação digital vinda de um consórcio de verificação, tal como a IdenTrust ou a GlobalSign. Com a permissão dos consumidores, e baseando-se em suas preferências, essa identidade poderia ser marcada com diferentes elementos dos comportamentos online e offline do consumidor, enriquecendo o perfil da identidade ou limpando-o. As próprias identidades são altamente criptografadas, e os dados associados com qualquer identidade são criptografados em múltiplos níveis de segurança. Por exemplo, as informações de cartões de crédito e de saúde de um consumidor serão criptografadas com um nível maior de segurança do que dados de quais sites de notícia a pessoa acessa. Tal panorama exige uma visualização completamente diferente do ecossistema, das plataformas tecnológicas, dos programas que gerenciam esses protocolos de segurança, da conexão segura a provedores de serviços etc. E existirá uma nova categoria de organizações de verificação e autenticação dessas identidades. Será que a identidade digital poderia viver dentro de um bloco pessoal em uma blockchain? A resposta é sim. Na verdade, cerca de sessenta empresas na Ásia criaram um consórcio chamado MyID Alliance. Seu objetivo é inserir todas as credenciais de identidade e informações financeiras em blockchains individuais.[36]

Soluções semelhantes estão emergindo em formatos diferentes. Por exemplo, diversas empresas podem contribuir com seus dados privilegiados sobre consumidores, obtidos pela visita deles em seus sites, para um ambiente "limpo" e único. Em seguida, os consumidores são marcados pelos dados dessas fontes distintas, o que fornecerá insights ricos e úteis para futuros direcionamentos de marketing. Diversas abordagens semelhantes serão concebidas, nas quais a privacidade dos consumidores será considerada primordial, os cookies não rastrearão os consumidores por meio de nenhum navegador e, ainda assim, os profissionais de marketing e publicadores no consórcio de dados obterão insights relevantes, o que os capacitará a realizar bem o seu trabalho.

A identidade digital também apresenta uma nova visão acerca do problema da posse de dados. Poderiam os consumidores possuir todos os acessos a suas informações, ou até mesmo vendê-las? Ou ao menos receber parte da renda dos anúncios em troca de seus dados? Veremos essa tendência aumentar cada vez mais. Os consumidores não apenas receberão acesso e informação em troca de seus dados e atenção, como acontece agora, como também serão pagos por isso. Veja um exemplo recente: um novo navegador chamado Brave já reuniu 10 milhões de usuários em um tempo relativamente curto, com a promessa de que iriam respeitar a privacidade dos consumidores e recompensá-los por seus dados e atenção.[37] O navegador combina tecnologias de bloqueio de anúncios com uma plataforma de publicidade baseada em blockchain. Caso os consumidores acionem a opção de recompensas, podem receber tokens, semelhantes a *flyers*, avisando-os para visualizar anúncios que respeitem sua privacidade. Além disso, os usuários podem estabelecer o número de anúncios que querem ver por hora. E isso é apenas o início.

O lado sombrio dos dados

Dados são uma moeda poderosa. O que aconteceria se governos tomassem posse de todos os dados de indivíduos? Seria esse o fim da independência, da liberdade e da privacidade? O que aconteceria se esses dados caíssem nas mãos de pessoas que pudessem abusar deles? Como profissionais de marketing deveriam proteger seus consumidores? Como poderiam agir de forma incisiva quando houver quebras de sigilo, além de fornecer soluções insatisfatórias e ridículas como monitoramentos de relatórios de crédito por um ano?

O lado sombrio dos dados encontrou um lar confortável demais na *dark web*, que não é visualizada por navegadores comuns. É preciso um navegador diferente, chamado Tor, para acessá-la, e é possível encontrar uma abundância de bens e serviços ilegais por lá. É um mercado nefasto, no qual é possível pesquisar, vender ou comprar qualquer coisa: de drogas a armas, ferramentas e serviços que podem ser utilizados para hackear os dados de indivíduos e realizar chantagens. Pessoas mal-intencionadas podem hackear e-mails, números de conta, credenciais de identificação e qualquer outra informação relevante, para então pôr tais informações à venda na *dark web*. O impacto em potencial sobre indivíduos pode ser devastador. Linhas de crédito e empréstimos podem ser obtidos de maneira fraudulenta. Nomes podem ser arrastados para alguns atos nefastos, atos que as pessoas passarão pelo inferno para tentar explicar. Seus e-mails e informações confidenciais podem ser utilizados para chantageá-los. Isso é aterrorizante sob todos os pontos de vista.

Os vigaristas têm ameaçado não apenas consumidores individuais, mas também empresas. No final de 2019, Kerem Albayrak, um homem londrino de 22 anos, exigiu que a Apple lhe desse 75 mil dólares em criptomoedas ou 100 mil em cartões de presente do iTunes em troca de ele não apagar o que alegou ser uma enorme base de dados de contas do iCloud. O homem foi condenado a dois anos de prisão por causa da ameaça.[38] Mas quantos consumidores e pequenas empresas possuem os recursos e a sofisticação da Apple?

Contra essa potencial desordem, os profissionais de marketing precisam perceber quais serão as consequências para os consumidores caso os dados que reuniram não forem protegidos de maneira adequada. A coleta de informações anda de mãos dadas com a responsabilidade pela proteção delas.

GDPR, CCPA e as consequências

Alguns governos estão tentando formular políticas de dados. A União Europeia possui a GDPR (Global Data Privacy Regulation) [Regulamentação Global pela Privacidade dos Dados, em tradução livre], que é a primeira legislação significativa sobre esse tipo de controle. Dizendo de maneira simples, a GDPR se apoia em dois conceitos: consentimento e Privacy by Design [Privacidade por Design]. Privacy by Design é o nome de uma abordagem que todos os negócios precisam adotar ao criar produtos e construir websites. Ela envolve manter a coleta de dados em um patamar mínimo e construir medidas de segurança em todos os estágios do projeto de um produto. Obter consentimento significa simplesmente perguntar aos usuários pela permissão de processar seus dados. As empresas precisam explicar suas práticas de coleta de dados em linguagem clara e direta, e os usuários devem concordar de maneira explícita com essas práticas.[39]

A princípio, a GDPR é maravilhosa, sem dúvida. Como consumidor, eu deveria ter o direito de saber quais dados são coletados a meu respeito, o direito de permitir que terceiros coletem minhas informações ou não, o direito de ser esquecido e o direito de que meus dados sejam deletados de todos os lugares nos quais eu não queira que eles estejam.

Seguindo princípios semelhantes, o estado da Califórnia lançou a California Consumer Privacy Act (CCPA) [Lei de Privacidade do Consumidor da Califórnia, em tradução livre], que entrou em vigor no começo de 2020. E existe o incentivo para que leis semelhantes sejam adotadas ao redor do mundo. Essa área será regulamentada e aplicada.

Trabalhando em conjunto com legisladores, as empresas precisam estabelecer parâmetros para a proteção dos dados de indivíduos e, em igual medida, fazer com que tais políticas sejam pragmáticas, de modo que as empresas as obedeçam. Precisamos de meios para a detecção de atores mal-intencionados, pois, de outro modo, eles podem viciar o ecossistema inteiro. Além disso, é preciso haver consequências para a violação de padrões de privacidade, independentemente de os violadores serem do próprio país ou internacionais. Também precisamos nos certificar de que nossos governos não abusem dos dados. Todos estamos cientes do caso em que o governo norte-americano tentou forçar a Apple a fornecer um *backdoor* para entrar em seus celulares. O governo não tinha intenções danosas, mas queria ser capaz de alcançar terroristas em potencial e prevenir atos de terrorismo. Uma intenção nobre. Mas esse tipo de abertura de *backdoors*, como Tim Cook corretamente afirmou, também abre a porta para todos os hackers, o que iria destruir a segurança do ecossistema para todos. Agora, onde serão traçados os limites? Este é um mundo complexo, sem a existência de soluções fáceis.

A democratização dos dados e o Open Marketing

Uma interessante área política, recheada de prós e contras, é a faceta da democratização de dados. Considere o seguinte e poderoso cenário: na União Europeia, os legisladores determinaram que bancos deveriam abrir seus dados sobre consumidores, com a permissão destes, para fintechs e outras empresas, como um modo de nivelar o campo e impulsionar a inovação. A principal premissa foi que os dados pertinentes às transações dos consumidores pertenciam a eles mesmos, e que eles poderiam pedir aos bancos para que suas informações fossem compartilhadas. Isso concebeu o nascimento de todo o conceito de Open Banking, que está transformando o espaço bancário e de fintechs. Ashok Vaswani, CEO de Sistemas Bancários e Pagamentos de Varejo da Barclays, habilmente disse:

> O panorama está se transformando de maneira tão grandiosa que as regras do jogo mudaram. No passado, nós sempre pedimos para o consumidor vir até nós, por meio de nossa filial, nosso telefone, nosso site ou nosso aplicativo. Agora, pela primeira vez, podemos nos dirigir direto ao consumidor exatamente e em qualquer lugar que esteja. Os velhos métodos estão abrindo caminho para táticas de alta precisão, guiadas a laser. Empresas e comércio precisam repensar tudo, desde suas estratégias até seus talentos, capacidades e conjuntos de habilidades.

De maneira muito semelhante, poderia o conceito de Open Banking ser estendido para o marketing, ou seja, ao Open Marketing? Isso significa que empresas como Amazon, Google, Facebook e outras podem precisar compartilhar com outras empresas os dados que possuem sobre as transações, postagens, pesquisas etc. de seus consumidores, de modo que o campo atualmente dominado por algumas gigantes digitais possa ser mais nivelado e outras companhias possam competir com mais eficiência. Seja de maneira grandiosa ou em porções específicas do ecossistema, isso definitivamente irá acontecer. É uma nova dimensão realmente emocionante e que irá definir o marketing quântico.

Para resumir...

- **Assuma a liderança.** Nenhum outro grupo de profissionais possui o volume de coleta de dados, no dia a dia, de que dispõem os de marketing. E parte significativa do ecossistema de dados é financiada pelos dólares do marketing. Portanto, os profissionais de marketing precisam ter um papel central no processo e conduzir a evolução, em vez de se isolar e permitir que outras pessoas definam seu futuro.

- **Eduque-se.** Os profissionais de marketing precisam entender as políticas e regulamentações atuais ao longo de toda a cadeia de valores com a qual trabalham. Precisam entender como os dados são coletados, organizados e analisados em tempo real, com ou sem o auxílio de inteligências artificiais. Os profissionais de marketing não precisam se tornar especialistas em dados da noite para o dia, mas precisam se educar, pelo menos o suficiente para serem capazes de fazer as perguntas corretas e entender as respostas.

- **Invista nas parcerias corretas — internas e externas.** Busque parcerias profundas com colegas de TI que realizam o gerenciamento da infraestrutura e do processamento de dados. Busque, também, parcerias com os colegas do departamento jurídico para que o ajudem na navegação segura e tranquila através deste ecossistema complexo. A responsabilidade dos profissionais de marketing não termina com a proteção dos dados dos consumidores dentro da própria empresa; ela também se estende em direção aos dados que seus vendedores estão coletando, analisando e alavancando em seus nomes. Os profissionais de marketing, assim como as agências que manuseiam os dados em seu lugar, precisam entender se possuem os recursos para proteger as informações dos consumidores contra quaisquer ataques, invasões ou concessões.

- **Cuidado com as asneiras lá fora.** Hemingway disse que a coisa mais importante para um escritor era possuir um detector de asneiras. Isso também vale para dados. Todo vendedor e seu primo vêm para a mesa afirmando que sua solução é movida a IAS. Pergunte ao vendedor para simplificar o que estão falando. Separe o sinal do ruído. Os profissionais de marketing precisam possuir especialistas ao seu lado, caso eles próprios não o sejam.

- **Não se empolgue com jargões.** Programação preditiva, sinergia formativa, vertical inexplorado, redes neurais profundas... Por favor! Os profissionais de marketing precisam possuir em suas equipes pessoas que entendam de dados e que também saibam falar claramente, e não somente por meio de jargões. Os membros da equipe ficarão agradecidos!

- **Tenha talentos profundos sobre dados dentro do próprio marketing.** Não existe uma regra dizendo que o marketing não pode possuir cientistas de dados. Nenhuma regra diz que o marketing não pode empregar especialistas em IA ou ter no time membros com experiência em tecnologia. Faça com que os membros do time sejam treinados profundamente no trabalho com dados.

- **Utilize padrões de Privacy by Design.** Essa frase surgiu conforme a GDPR avançou. Ela significa que as empresas são obrigadas a considerar a privacidade dos dados durante estágios de design de todos os projetos em conjunto com o ciclo de vida do processo de dados relevantes.[40] Siga essa abordagem e implemente esse princípio. Profissionais de marketing, no futuro vocês agradecerão a si mesmos por isso!

- **Proteja os dados.** Por causa da enorme quantidade de hacks sendo tentados a cada segundo em todas as bases de dados ao redor do mundo, esse se tornou um problema enorme. A cibersegurança, de maneira geral, e a segurança de informações, em particular, deveriam ser uma prioridade para todas as organizações e todos os profissionais de marketing.

- **Mantenha-se próximo de desenvolvimentos da indústria.** Eu separo pelo menos seis horas por semana para continuar aprendendo e para me manter atualizado com as notícias da indústria. O principal: mudanças possuem implicações. Não seja pego desprevenido. Mantenha-se atualizado. O tempo será bem gasto e o esforço vale muito a pena.

- **Quantifique, quantifique, quantifique.** Mesmo que possua um programa IA futurista, se você não medir diligentemente as ações de marketing, sua empresa não irá entender suas contribuições para as vendas, para a receita ou para o negócio em geral. Defender o marketing a partir de argumentos qualitativos ou, pior, por meio de jargões de marketing, se provará inútil. Mantenha-se pronto, com números críveis, e não com palavras.

- **Não permita que os dados obscureçam a criatividade.** Lembre-se de que se trata da marca, do negócio e da plataforma competitiva. Tecnologias e dados são prioridade absoluta, mas não à custa de criatividade, instinto e julgamento.

Acima de tudo, duas coisas. Primeiro, faça as perguntas difíceis. Os profissionais de marketing precisam se perguntar como gostariam que outras pessoas utilizassem seus dados. Em seguida, deveriam vestir seus chapéus de marqueteiros e seguir esses princípios ao mesmo tempo que respeitam as regulamentações. Se algo a respeito de sua alavancagem de dados não lhe parecer correta, significa que não o é.

Segundo, jogue na ofensiva. Os dados nos dão o poder de fazer a coisa correta pelos consumidores, de servi-los da maneira mais efetiva e relevante. E, o mais agradável, os profissionais de marketing podem oferecer a eles as ofertas que lhes importam. Não devemos ficar à margem dos dados.

5

Inteligência artificial
O propulsor supremo do marketing quântico

Mario Klingemann descreve a si mesmo como um cético. Pelo menos aparece assim no website de artes plásticas da Sotheby's. Sendo ele alguém que comanda 40 mil dólares por obra de arte, é difícil de acreditar nisso. Seus trabalhos foram comparados aos dos mestres holandeses, e ele já foi aclamado pelos "princípios estéticos de seu trabalho". O cético é como o cético faz. Klingemann não é um pintor, e seu sucesso no mundo das artes não é proveniente dos pincéis, mas de algoritmos. Ele é um mestre de verdade. Um mestre da inteligência artificial.[41]

E sua história se repete com frequência. Há também Scott Eaton, que esculpe membros humanos incrivelmente realistas utilizando algoritmos de IA.[42] Ou Refik Anadol, que cria incríveis obras de arte e arquitetura baseadas em vastos conjuntos de dados (como a temperatura em diferentes regiões do mundo), utilizando inteligência de máquinas.[43]

Muito está sendo dito e escrito a respeito de IAs e de como elas mudam tudo em nosso mundo. Parte disso é pura bobagem, parte é apenas ruído, mas parte é real e realmente assombroso.

Mas, antes de começarmos a falar sobre inteligência artificial, vamos revisar o conceito central deste livro. Quântico, para os nossos propósitos, significa duas coisas. Primeiro, significa que os modelos anteriores serão incapazes de explicar a realidade futura. Segundo, a velocidade, escala e impacto do *marketing quântico* são sem precedentes. No novo paradigma, nada combina tanto com esse conceito quanto a inteligência artificial.

IAs serão uma força completamente disruptiva no Quinto Paradigma. Mas, primeiro, será proveitoso darmos uma repassada rápida por todos os cinco paradigmas a partir de uma perspectiva de dados. Os dados, como os conhecemos hoje, não eram grandes impulsionadores dentro do marketing durante os dois primeiros paradigmas. No Terceiro Paradigma, a internet explodiu, e os dados comportamentais de consumidores se tornaram abundantes e amplamente disponíveis. A análise dos dados, até então só utilizada em campos mais "nerds", chegou ao marketing, e a nova ciência começou a auxiliar os profissionais de marketing de diversas maneiras, de direcionamentos publicitários precisos até computações de ROI, e em tudo que há entre esses dois pontos. Ela levou o marketing a um novo nível científico.

Durante o Quarto Paradigma, com aparelhos móveis tornando-se onipresentes e conectados, e com o advento de plataformas de redes sociais, toda a modelagem de marketing foi virada de cabeça para baixo, e sua abordagem precisou ser significativamente reimaginada. Deslancharam áreas como marketing social, marketing de influenciadores, marketing baseado em localização e outras. O marketing nunca mais foi o mesmo. No Quarto Paradigma, os dados estavam sendo gerados em níveis extraordinários. As capacidades em torno deles e de sua análise tornaram-se altamente democratizadas. Isso significou que até mesmo empresas pequenas poderiam alavancar o poder dos dados de maneira efetiva, executar publicidades direcionadas por meio de telas divididas, medir a efetividade e refinar suas abordagens. Elas poderiam competir e desafiar as maiores empresas, já estabelecidas, que anteriormente eram as únicas com a escala e bolsos fundos o suficiente para realizar tudo isso. O caminho para o futuro já não exigia mais aquilo. O que poderia ser melhor para um executivo de marketing?

Então as IAS entram em cena. É o perfeito exemplo do Quinto Paradigma, pois toma um conceito simples (dados do consumidor) e o leva para um território que nunca poderia ter sido esperado ou previsto. As IAS, no Quinto Paradigma, serão o Grande Colisor de Hádrons dos dados, produzindo explosões controladas com resultados radicais.

Já ouvi alguns profissionais de marketing dizerem: "Por que eu preciso saber sobre IA? Eu não preciso saber como a eletricidade é gerada ou como ela funciona, contanto que saiba que, se eu ligar o interruptor, a lâmpada acenderá".

Bem, qualquer bom profissional de marketing deveria aprender sobre ela. Eles são mais do que pessoas leigas ligando uma luz. As IAS serão um divisor de águas em todos os aspectos do marketing. Caso esses profissionais não entendam como elas trabalham e as possibilidades que podem trazer, perderão o bonde. As IAS nunca irão substituir os profissionais de marketing. Mas quem resistir a elas será substituído por aqueles que entendem seu poder. Neste estágio da evolução das inteligências artificiais no contexto do marketing, é importante que os profissionais da área as compreendam. O icônico designer Charles Eames disse, de maneira brilhante: "Nunca delegue a compreensão".

Existem muitas empresas vindo de todos os lados dizendo que suas soluções são movidas por IAS. Os profissionais de marketing precisam saber em que acreditar e o que podem descontar. Precisam possuir pelo menos certo nível de conhecimento básico para entender o que está sendo dito, para discernir se é verdadeiro ou valioso, e tomar uma decisão sobre implementar tais soluções ou não. Igualmente importante é o fato de que os profissionais de marketing precisam fazer com que seus times também aprendam e se mantenham atualizados.

O que é IA?

Inteligência artificial é uma capacidade criada a partir do treinamento de máquinas para pensar como seres humanos, ou até mesmo para ultrapassá-los. Isso inclui diversas formas de reconhecimento, racionalização, julgamento e tomadas de decisão, entre outras coisas. Existem três tipos de inteligência artificial: inteligência artificial estreita, inteligência artificial geral e superinteligência artificial.

A inteligência artificial estreita é a habilidade da máquina confinada a uma única área ou campo (por exemplo, para o reconhecimento de imagens). A máquina será capaz de fazer essa única ação, e nada mais. Ou seja, se reconhece imagens, ela não será capaz de reconhecer vozes.

A inteligência artificial geral, por outro lado, será mais versátil e possuirá capacidades mais amplas. Assim como seres humanos, ela será capaz de pensar e performar em diversas áreas (reconhecendo vozes e imagens, realizando julgamentos, escrevendo poesia e, sim, criando anúncios).

A superinteligência artificial, como o nome sugere, é aquela em que as máquinas possuem habilidades de pensamento similares às humanas, mas superando muito nossa capacidade de pensamento. A máquina pode aprender, pensar e performar melhor do que os humanos em qualquer área. E mais, ela pode realizar tudo isso de maneira bem independente, sem qualquer intervenção de uma pessoa.

Diversas das principais mentes desse campo concordam em que as inteligências artificiais gerais e as superinteligências artificiais ainda são aspirações distantes, e podem levar décadas para se materializar. Por outro lado, a inteligência artificial estreita, que normalmente é aquela a que as pessoas se referem quando falam de IAs de modo geral, está presente aqui e agora, e ganha ímpeto a cada dia, em um ritmo extraordinário. Será nela que iremos focar neste capítulo.

Vamos analisar dois outros termos que são constantemente pronunciados atualmente. Permitam-me desmistificá-los.

- **_Machine learning_, ou aprendizado de máquina.** Na programação tradicional de computadores, são dadas às máquinas instruções claras e o passo a passo a respeito do que fazer primeiro, o que fazer em seguida, e depois, e por aí vai. Cada passo é programado de modo que a máquina possa simplesmente segui-lo. No _machine learning_, uma máquina, ou computador (quer dizer, os algoritmos da máquina), é treinada para realizar tarefas aprendendo sozinha, a partir de dados e exemplos anteriores. Por exemplo, digamos que estamos treinando a máquina para reconhecer cães. Uma imagem de um cachorro será mostrada para a máquina, e ela irá rotulá-la como "cão". Em seguida, será mostrada outra, e depois outra. Também serão mostradas imagens que não possuem cachorros. Quando ela rotular a imagem de uma árvore como um cachorro, nós a informaremos que aquilo não é um cão. Ela irá, então, aprender que aquela imagem não é a de um cão. Ao longo de um período, ela será exposta a zilhões de imagens de cachorros, e será capaz de dizer com precisão quais imagens são de cachorros e quais não são. Para mim, isso é quase a mesma maneira pela qual ensinamos bebês a reconhecer cachorros. Podemos ensinar a máquina a reconhecer qualquer imagem e identificar o que é. Ela pode evoluir, como de fato evoluiu, de tal forma que pode dizer quem é quem, e quem não é aquilo que diz ser. O reconhecimento facial é uma aplicação clara de tudo isso. Mas, uma vez que essa é uma máquina treinada apenas para o reconhecimento de imagens, tal ação será a única que ela é capaz de realizar, e uma tarefa distinta irá exigir uma máquina diferente.

- *Deep learning,* **ou aprendizado profundo.** Eu penso em *deep learning* como o *machine learning* com esteroides. Com *deep learning*, a máquina possui camadas daquilo que chamamos de redes neurais, por meio das quais os dados são alimentados e processados de maneira diferente do que ocorre no *machine learning*. O *deep learning* pode ser extremamente útil em áreas como reconhecimento de fala, reconhecimento de padrões, reconhecimento de imagens etc. e possui um nível incrível de precisão e rapidez.

O que é lindo nas IAs é a maneira como elas lidam com um problema típico. Por exemplo, dois mais dois é igual a quatro. Essa é a resposta correta. Algoritmos existentes fazem isso com facilidade. Mas a inteligência artificial observa as entradas de dados e as respostas e descobre a equação. Em um algoritmo comum atual, um computador recebe uma entrada de dados e a equação matemática, para então rapidamente cuspir a resposta. Em uma IA, as entradas e saídas de dados são fornecidas, e o computador descobre a equação matemática. Portanto, uma vez que ele tiver descoberto a equação, quando novos dados forem apresentados, ele irá prever os resultados extremamente bem. Isso traz um caminho completamente novo e poderoso para insights.

Em um ambiente de marketing, IAs podem enriquecer todos os passos de seu ciclo de vida, trazendo um nível mais profundo de compreensão, que era impossível até então. Por exemplo, antes das IAs, nós realizaríamos análises causais e de correlação, tentando descobrir qual promoção, qual nível de descontos ou alguma outra funcionalidade que melhor funcionaria para realizar o maior número de conversões. No marketing clássico, essas análises eram feitas por meio de pesquisas, marketing de testes, análises de fatores, métricas de respostas a campanhas antigas, métricas de promoções anteriores e outras coisas do tipo. Em seguida, iríamos buscar ter insights práticos ou o tipo e nível ideal de promoções. Em tempos mais recentes, nós adicionamos os testes A-B e análises rápidas para determinar o que funciona e o que não funciona.

No entanto, esses testes normalmente eram realizados em um nível segmentado (um grupo de consumidores com características em comum) ou em um nível agregado. Por exemplo, uma empresa oferece descontos variados — por exemplo, 10%, 20% e 30% — para testar qual funciona melhor. O aumento nas vendas de cada desconto pode ser medido no agregado, e uma análise simples de custo-benefício pode ser realizada: quanto a empresa abre mão em troca de uma conversão maior? Se receber um aumento de 8% em conversões com o desconto de 20% e um aumento de 10% com o desconto de 30%, a empresa poderá concluir que o desconto de 20% é economicamente melhor. Dessa forma, de modo iterativo, a empresa pode determinar um nível ótimo de descontos.

Mas, mantenha em mente, esse ponto ótimo é para determinado segmento, e não para cada indivíduo nesse segmento.

Por exemplo, eu posso me situar no segmento que o profissional de marketing determinou que respondeu de forma otimizada a descontos de 20%. Mas eu teria respondido positivamente a um desconto de 10%, portanto comigo a empresa desperdiçou o desconto extra. Utilizando IAs, por outro lado, a empresa poderia analisar meus comportamentos passados, minha propensão atual para comprar na categoria e meus comportamentos em outras categorias. Isso poderia dar uma dica a respeito de minha atitude geral em relação a descontos e níveis de descontos. Essa análise é feita em tempo real, e a empresa será capaz de me enviar uma oferta altamente personalizada que seja boa para mim e ótima para a empresa.

Com IAs, é possível desvendar padrões e relacionamentos por meio de um vasto número de bases de dados, a partir de quantidades inacreditáveis de dados, o que não seria possível com análises de dados tradicionais.

Conforme adentrarmos no Quinto Paradigma, os dados serão produzidos e coletados em uma taxa tão imprevisível quanto sem precedentes. Um dos principais impulsionadores para isso serão os sensores, que coletam e cospem dados continuamente e adicionam uma nova dimensão acima de tudo o que é gerado hoje. Os sensores serão um habilitador significativo do marketing quântico.

No Quinto Paradigma, haverá sensores em tudo, de relógios e sapatos a carros, tacos de golfe, termostatos... tudo. A cada segundo, os sensores coletarão informação. E todos esses dados alimentarão máquinas de inteligência artificial, que irão devolver padrões e insights incríveis a partir do macrocosmo dos dados. Isso poderá auxiliar os profissionais de marketing, caso eles possam se concentrar na enxurrada de insights e agir com base neles em tempo real, de modo a capturar os consumidores nas partes mais otimizadas de suas jornadas diárias e oferecer a eles produtos, serviços, promoções e mensagens altamente personalizados de maneira altamente relevante. A empresa poderá se movimentar de uma OTM (*opportunity to market* [oportunidade de comercializar]) para a próxima OTM de modo contínuo, sem intrusões e sem perturbar o cliente.

As IAs impactarão todos os aspectos do marketing. Nós analisamos apenas duas áreas. Uma se refere aos insights. A outra tem a ver com realizar uma campanha de maneira altamente personalizada e relevante. Agora, vamos analisar algumas das outras áreas.

Chatbots

Chatbots movidos por IAs estão se tornando cada dia mais semelhantes a humanos. O resultado disso é que marcas podem servir seus consumidores de maneira muito convincente. A economia também é atraente. Ao empregar IAs, as empresas serão capazes de economizar até 8 bilhões de dólares por ano em 2022,[44] resultado do corte de despesas com funcionários, entre outras. No marketing quântico, o emprego de IAs por meio de *chatbots* será a norma.

Assistentes virtuais

Enquanto *chatbots* analisam apenas a base de dados da empresa e respondem, os assistentes virtuais são muito mais amplos; eles também analisam dados externos, como os da internet. Existe uma implementação de IAs de maior magnitude nesses assistentes virtuais. Alexa, da Amazon, Google Home e Siri, da Apple, são alguns assistentes virtuais bem conhecidos. No mundo do marketing quântico, os assistentes virtuais se tornarão onipresentes, até mesmo entre marcas que não possuem hardware ou aparelhos. Hoje, muitas empresas, em indústrias diversas, já empregam assistentes virtuais para complementar, quando não substituir, seus serviços de *concierge* humanos. No Quinto Paradigma, os assistentes virtuais vão proliferar, sua qualidade dará um enorme salto e provavelmente eles se tornarão parte integral dos canais de marketing. E mais, eles entrarão de maneira grandiosa em outros domínios, como serviços de saúde, educação, governo, entre outros.

Pesquisas

Google e seus pares empregam IAs em seus mecanismos de busca. Conforme suas inteligências artificiais vão se aprimorando, os resultados de busca se tornam cada vez mais relevantes e totalmente apropriados ao consumidor. Para a maioria das marcas, aparecer nos resultados de pesquisa é essencial para a sobrevivência. Por isso, os profissionais de marketing precisam adaptar seus próprios algoritmos SEO[45] à medida que os processos de busca vão se tornando mais inteligentes.

Direcionamento e personalização

Como as IAs podem descobrir os algoritmos preditivos, elas também podem direcionar publicidade de modo mais preciso para as pessoas que a empresa gostaria de trazer para seu rol de consumidores. Não apenas isso, elas também irão ajudar a construir o tipo de oferta ou mensagem que seria mais bem apreciada por um cliente em potencial específico.

Compras de mídia

As IAs já se encontram no espaço de compra de mídia. Com cada vez mais opções de mídia sendo lançadas, por causa do advento de *gadgets* vestíveis, Internet das Coisas, *smart speakers*, entre outros avanços, a complexidade da compra de mídias irá aumentar exponencialmente. As IAS desempenharão um papel central nesse processo, isso se não se tornarem as únicas ferramentas na gestão do ecossistema. Diversas agências de mídia já observam uma erosão em seus papéis tradicionais. Isso vai se acelerar, e um novo conjunto de papéis irá emergir.

Criação de conteúdos

Há um excesso de conteúdos nos dias de hoje, e muitos são falsos. Por exemplo, um vídeo do ex-presidente Obama dizendo coisas que ele obviamente nunca disse. Mas o vídeo parece ser muito real. Da mesma forma, temos fotos de pessoas que não existem, mas foram criadas pixel a pixel e parecem incrivelmente verdadeiras. Visite o site ThisPersonDoesNotExist. com. As IAS irão exacerbar ainda mais esses conteúdos falsos, pois é extremamente fácil alavancar tecnologias para criar os chamados *deep fakes*. Há inúmeros exemplos disponíveis na internet para demonstrar as capacidades dos *deep fakes*. Com uma explosão de conteúdos reais e falsos em mãos, que têm vidas úteis cada vez menores, os profissionais de marketing precisam ser incrivelmente criteriosos em relação ao conteúdo que criarão, de como irão demonstrar sua autenticidade e como irão diminuir, em vez de aumentar, o ruído. Ao estudar o comportamento de visualizações online das pessoas, descobrimos que os conteúdos precisam ser criados em tempo real, não apenas para serem apropriados, mas para que sejam atraentes para o consumidor. E essa criação de conteúdo será feita com o auxílio de inteligências artificiais.

Anúncios também são conteúdo. Será que serão inteiramente criados por IAS? Existem pessoas convictas de que sim, e outras, de que não. As inteligências artificiais gerais certamente fariam isso acontecer, mas essa realidade ainda está a décadas de distância. Mas, mesmo com as capacidades atuais de IA, anúncios estáticos em faixas já estão sendo gerados de maneira autônoma. Acredito que ao longo dos próximos anos muitas compilações criativas serão criadas; essa não é, no entanto, uma criatividade original. Os compilados podem ser tão convincentes que chegam a passar a impressão de serem originais.

Em 2016, presenciei uma demonstração de IA em Cannes Lions, um festival internacional de criatividade. Foram mostradas ao mecanismo de IA todas as obras de Rembrandt, e a máquina aprendeu exatamente a forma como Rembrandt trabalhava, tal como a direção de suas pinceladas, seu comprimento, angulação e outros fatores. Uma vez treinada com 168.263 fragmentos de pinturas, deram-lhe um tema para ela pintar. *Voilà!* Uma nova obra de Rembrandt, com 148 milhões de pixels, foi criada! E muitos especialistas concluíram que essa pintura é impressionantemente semelhante a um autêntico Rembrandt. A demonstração ganhou dois Grand Prix por Cibernética e Dados Criativos para a JWT Amsterdã.[46] Passados apenas dois anos desde o acontecimento, essa habilidade chegou aos aplicativos: uma foto de qualquer tema pode ser enviada a uma ferramenta, que irá convertê-la imediatamente para os estilos de diferentes pintores clássicos e contemporâneos. Essa é a rapidez com a qual as IAs estão se tornando acessíveis.

IAs também já estão escrevendo artigos utilizando estilos muito autênticos de diversos jornalistas e escritores. Elas estudam os trabalhos de um autor e, quando recebem um tópico, pesquisam na internet em busca de conteúdos relevantes para em seguida escrever, em questão de alguns segundos, um artigo que em sua maior parte faz sentido, em um estilo que parece autêntico.

Elas começaram a compor músicas (seria mais algo como uma compilação). Também vimos o primeiro contrato entre um mecanismo de IA e uma gravadora! A Warner Music Group assinou o contrato em 2019 com um algoritmo de IA criado por uma startup chamada Endel. E o contrato é para vinte álbuns![47]

Cálculos de ROI

Cálculos de ROI [retorno sobre investimento] e sua correta aplicação à atividade de marketing sempre foram um desafio para a maioria dos profissionais da área. Mas algumas soluções baseadas em IA já conseguem estimar com antecedência o ROI de uma campanha ou promoção. Se as IAS forem incorporadas de maneira apropriada ao fluxo de consciência do marketing, elas serão capazes de encontrar metodologias de cálculo mais adequadas para prever qual será o ROI, assim como para medi-lo após o fato consumado.

Lançando iniciativas de IA

Uma empresa não precisa ser grande para empregar ou alavancar IAS. O campo, assim como a análise de dados que o precede, tem sido amplamente democratizado. Uma empresa pode começar pequena e utilizar soluções de IA *open-source*, tais como o Google TensorFlow ou o Amazon SageMaker. Os profissionais de marketing também podem alavancar soluções comerciais de IA, como a Vision API e a Speech API, ambas da Google. As empresas não precisam criar essas funcionalidades fundamentais. Os profissionais de marketing também não precisam investir enormes quantias, pois podem aproveitar opções "pague conforme utilizar". Os únicos limites são suas intenções e sua imaginação.

Para resumir...

- Nada mudará mais o campo do marketing do que as IAs. Desde aprender profundamente a respeito dos consumidores e permitir uma superpersonalização até a otimização de programas em tempo real. As IAs podem melhorar enormemente a efetividade e a eficiência do marketing.

- Se os profissionais de marketing querem se proteger para não se tornar obsoletos, eles precisam se familiarizar com IAs. Mais que isso, eles precisam aprender sobre ela, e aprender bem.

- Os profissionais de marketing precisam se acostumar com IAs imediatamente. Eles podem começar com testes de baixo custo em um projeto pequeno.

- Os profissionais de marketing podem utilizar soluções comerciais. Existem muitas soluções provenientes de grandes empresas como Amazon e Google, assim como de diversas startups.

- Os CMOs deveriam fazer com que suas equipes aprendam sobre IAs, que é uma habilidade essencial para o futuro. Eles podem até mesmo considerar reavaliar os papéis de suas equipes, de modo a garantir que estão organizados, com as pessoas certas nas funções mais adequadas e em cima dos pontos de interesse.

- Os profissionais de marketing não precisam se tornar especialistas, mas precisam saber como alavancar as IAS. Existem diversos programas online de educação executiva de Harvard, do MIT e da Universidade da Califórnia em Berkeley, só para nomear alguns.

- O departamento de TI de uma empresa possui papel significativo na jornada pelas inteligências artificiais. Os profissionais de marketing certamente precisam se aliar com seus colegas de TI para que sejam bem-sucedidos coletivamente.

6

O Big Bang da tecnologia

Conforme as inteligências artificiais forem alimentando a explosão de insights de dados para os profissionais de marketing, mantenha-se de prontidão para uma série de novas tecnologias que acrescentarão outros desafios e oportunidades. Estamos naquela encruzilhada de nossa evolução como sociedade em que existe um nível impressionante de desenvolvimentos e empregos de tecnologias que foram construídas a partir do Quarto Paradigma.

Antes de bravamente adentrarmos no futuro, vamos tirar o chapéu para três desenvolvimentos significativos que transformaram o mundo durante o Quarto Paradigma.

1. Passamos por uma expansão radical de nossas capacidades de memória e processamento, com uma redução dramática em seus custos. Isso nos permitiu incorporar enormes poderes de processamento nos aparelhos eletrônicos.

2. Também pudemos observar um enorme salto no design da experiência de usuário, que se tornou extremamente simples, sendo que até mesmo bebês ou pessoas mais velhas utilizam esses novos aparelhos com facilidade, às vezes sem nenhum treinamento. Por exemplo, vídeos do YouTube mostram bebês que ainda nem conseguem andar ou falar utilizando tablets com fa-

cilidade. Como dizia a hipótese da lei de Moore, os poderes de processamento e memória estão dobrando a cada dois anos, e até mesmo os custos estão se reduzindo pela metade no mesmo período. Essa lei se manteve estável até agora. O resultado? Você possui aparelhos móveis com mais capacidade computacional do que a Apollo 11, conectados à internet em qualquer lugar, ao mesmo tempo que cabem nas mãos e no orçamento da maioria dos consumidores do mundo.

3. Como resultado desse acesso, as plataformas de redes sociais tomaram o mundo de assalto, levando as interações digitais interpessoais a um novo nível. Colegas de escola voltaram a se conectar após décadas. Pais e avós poderiam se conectar e ver seus filhos e netos ao vivo, e as pessoas passaram a derramar seus corações e mentes por meio de fotos, palavras e emojis, de maneira aberta, e até um pouco assustadora. As pessoas discutiam sobre marcas sem que elas fossem mencionadas na conversa, e imagens dessas marcas foram construídas ou destruídas por postagens isoladas nas redes sociais.

Como resultado disso, o marketing precisou encontrar novas maneiras de atravessar o ruído, de se conectar com os consumidores, de engajá-los e de influenciar sua escolha de marca. O marketing foi completamente transformado, e a mudança foi tamanha que hoje mais de 40% ou 50% de todos os dólares de mídia são investidos em canais que nem mesmo existiam no início deste milênio.

Agora, como adiantei no Capítulo 2, o que está para acontecer no Quinto Paradigma será muito mais dramático e explosivo. Uma torrente de tecnologias atraentes está chegando até nós, como é possível observar na Figura 4.

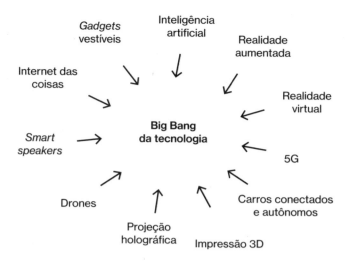

Figura 4

Além de inteligências artificiais, *machine learning* e *deep learning*, sobre os quais discutimos no capítulo anterior, eis o que o futuro nos reserva:

5G

O que a quinta geração de conexão celular sem fios tem de mais? Tudo.

- É super-rápida, talvez cinquenta a cem vezes mais rápida do que o 4G, com velocidade de download que pode chegar a cem gigabits por segundo. Em linguagem clara, isso significa que um filme inteiro de um DVD comum pode ser baixado em menos de quatro segundos.

- O 5G pode se conectar com mais aparelhos ao mesmo tempo. Essa capacidade é o que irá energizar a Internet das Coisas, uma ampla variedade de sensores, carros conectados, veículos autônomos e muito mais, e ainda assim sem perder velocidade.

- O 5G possui uma latência muito baixa. Isso significa que não existem atrasos entre um comando de um lado da rede e sua execução do outro lado. Um cirurgião mexe um dedo em Los Angeles, e dedos robóticos em Miami, dentro de um centro cirúrgico, seguem os movimentos com precisão, quase no mesmo instante. Em um ambiente 5G, médicos podem realizar cirurgias remotas com confiança.

Quais são as implicações disso para os profissionais de marketing?

A alta velocidade com a qual os dados serão coletados e transferidos através de diversas redes, combinada com a baixa latência e IAs, tornará possíveis análises em tempo real, fornecerá soluções em tempo real para os consumidores, criará um alto nível de personalização e será contextualmente apropriada e relevante. Dizendo de maneira simples, estratégias de interação e engajamento com os consumidores serão em tempo real. Vamos analisar um exemplo. Um consumidor está fazendo compras em um mercado. Com base em seus dados, que serão obtidos com sua permissão, uma empresa pode criar ofertas que são mais relevantes para o local em que se encontra e o que está fazendo no momento.

Isso já está disponível, mas com o 5G e as IAs, os profissionais de marketing podem modelar o comportamento desse consumidor a cada segundo. Digamos que o consumidor esteja em um shopping. Graças ao telefone celular, sua localização é transmitida para os servidores de maneira contínua; logo, sua localização em tempo real é conhecida. No entanto, se ele realizar uma compra hoje, os detalhes do que comprou não serão enviados para as bases de dados imediatamente. Portanto, apenas os detalhes da localização estarão disponíveis para os profissionais de marketing, e não os detalhes da compra. Mas, no Quinto Paradigma, os detalhes de compra também estarão disponíveis. Mesmo assim, precisamos de análises e modelagens rápidas para determinar e criar a melhor oferta ou mensagem para o consumidor. Isso exige não apenas poder de processamento, mas transmissões de dados em alta velocidade e com ampla banda larga. A princípio, isso pode parecer um Big Brother, mas tudo pode e será feito de uma maneira completamente anônima, protegendo a privacidade do consumidor e restringindo-se às permissões de dados que ele estabelecer.

Outra área interessante de aplicação do 5G será o web design. Por conta da velocidade e amplitude de banda larga disponíveis, os profissionais de marketing precisam repensar a arquitetura de um site. Atualmente, eles não desejam muitas páginas "pesadas" com vídeos e recursos visuais; eles querem um design simples, que permita downloads mais rápidos. Mas, no futuro, isso não será um problema. Virando o panorama de cabeça para baixo, os profissionais de marketing na verdade irão querer páginas ricas e pesadas.

Outra aplicação interessante será a maneira como o serviço ao consumidor será entregue remotamente por meio de call centers. Com velocidades tão altas, os consumidores poderão ter interações ao vivo por meio de vídeos móveis sem qualquer atraso ou interrupções. Portanto, as empresas utilizariam isso para ter interações ao vivo por vídeo com seus consumidores. Isso significa que os profissionais de marketing precisam repensar o design de experiência do consumidor e sua estrutura de serviço. Realidades virtuais e aumentadas abrirão uma enorme oportunidade em espaços de serviços ao consumidor, em vendas e engajamento.

De maneira geral, o 5G é um salto tecnológico significativo que irá habilitar e transformar outras tecnologias e plataformas de maneiras sem precedentes. E o marketing se beneficiará em grande estilo. Os profissionais precisam analisar não apenas as áreas clássicas ou tradicionais do marketing que serão impactadas pelo 5G, mas também as interseções com outras áreas e as funções que podem ser infladas pelo marketing quântico para impulsionar o negócio, a marca e as vantagens competitivas.

Realidade aumentada (RA)

A RA ainda está em seus estágios iniciais, mas se tornará muito grande em pouco tempo. Na realidade aumentada, existe uma camada de informações digitais sobreposta a um ambiente físico. Por exemplo, a Google demonstrou em uma conferência como o Google Maps se elevará a outro nível ao empregar o que eles chamam de Visual Positioning System [Sistema de Posicionamento Visual], ou VPS. Quando a câmera de um smartphone estiver apontada para a rua, a aplicação do Google Maps irá sobrepor à rua o mapa, com uma camada a mais de informação, tal como uma marcação ou bandeira indicando um café em um dos prédios adiante. Portanto, o Google Maps vai apresentar o estabelecimento sem que você precise descer a rua para saber mais sobre determinada loja.[48] Isso é absolutamente brilhante e torna a vida dos consumidores muito mais fácil.

Juntamente com o nome dos estabelecimentos, praticamente qualquer outro tipo de informação pode ser sobreposto ao enquadramento visual. Por exemplo: há um saldão acontecendo na loja; existe uma oferta especial em outra loja; agora é happy hour nesse bar... Você já entendeu.

Há uma nova riqueza em termos da habilidade do consumidor para interagir com seu ambiente físico. As oportunidades são incríveis e muito disruptivas. Digamos que eu esteja viajando de férias para uma cidade em um país estrangeiro. Armado com o meu aplicativo de RA, não precisarei mais de um guia turístico. Posso descobrir o caminho sozinho, posso pesquisar e encontrar onde estão os pontos de interesse e onde estão ocorrendo ofertas especiais, direto no aplicativo, o qual também irá me mostrar o menor trajeto para o local. Eu veria em minha tela o mesmo que estivesse vendo diante dos meus olhos, mas essa imagem estaria enriquecida com informações adicionais, relevantes e úteis sobrepostas a ela. Imagine as possibilidades de marketing para uma funcionalidade como essa.

Vamos analisar outro exemplo. Quando um consumidor recebe seu cartão de crédito pelo correio, ele normalmente recebe junto um pacote de boas-vindas, com um panfleto que explica todos os recursos, benefícios e ofertas do cartão. O consumidor provavelmente vai dar uma olhada por um minuto ou menos, para então jogá-lo no lixo. Essas publicações são um modo estático de comunicação. Como podemos nos certificar de que os consumidores, em qualquer momento, possam descobrir as maiores e mais recentes notícias acerca de seu cartão? Tudo o que precisam fazer é abrir o aplicativo de RA e direcionar para o cartão. O aplicativo o identifica e imediatamente apresenta as diversas ofertas e benefícios sobrepostos a sua imagem, como acessos especiais disponíveis para membros.

Essa é uma maneira muito dinâmica e poderosa de comunicar benefícios. Os emissores de cartão podem deixar de gastar com panfletos de boas-vindas e, ao mesmo tempo, sempre manter atualizados os benefícios-chave para membros no aplicativo. Eles também podem apresentar apenas os benefícios e ofertas mais contextualmente relevantes e apropriados. Os consumidores não são bombardeados com ofertas disponíveis ao redor do mundo, mas com as específicas para o seu bairro, sua localização atual ou destino iminente. Em sua essência, a realidade aumentada torna a comunicação de ofertas algo altamente envolvente e muito simples, sem uma sobrecarga de dados e ruídos. Esse mesmo conceito pode ser estendido para eletrodomésticos: o consumidor poderia abrir o aplicativo de RA, apontar seu celular, e os manuais de usuário começariam a surgir. Ou, quando fosse apontado para um pacote de comida, ele poderia fornecer as informações nutricionais, ou, caso fosse apontado para vegetais crus, receitas...

Vamos considerar mais um exemplo empolgante. Um consumidor passa pela vitrine de uma loja de roupas e vê uma camisa que lhe chamou a atenção. Ele simplesmente puxa o aplicativo de RA e direciona para o item. O aplicativo apresenta todas as informações sobre aquela camisa: preço, fabricante, onde foi produzida, material de que é feita, cores e tamanhos disponíveis no momento, quais especificações estão disponíveis online, quais descontos e promoções podem ser aplicadas e por aí vai. A RA muda por completo o que uma vitrine é; ela agora é uma loja virtual ou secundária para o lojista.

Empresas como a Ikea já começaram a alavancar o poder da realidade aumentada em outra área. Com seu aplicativo, um consumidor pode visualizar, de maneira bem realista, diferentes itens Ikea dispostos virtualmente em sua sala de estar, para ter uma boa noção de como irão se encaixar e parecer no cômodo.[49] É uma ferramenta fantástica de visualização. Ela tira da equação a imaginação e o achismo. De maneira semelhante, a RA está sendo empregada no mundo pós-Covid-19, em que os consumidores preferem experiências sem toques e estão hesitantes em testar cosméticos em uma loja para saber se gostam da cor do batom e coisas do tipo. Eles poderão abrir seus aplicativos de RA, apontar para o batom, e o aplicativo irá mostrar como a cor e a textura ficariam sobrepostas a eles, para que possam decidir se gostam ou não. Esse recurso também pode ser usado ao experimentar roupas: o espelho pode empregar uma camada de realidade aumentada para mostrar aos consumidores como eles irão parecer com determinado conjunto. Podem até mesmo experimentar cores diferentes de um mesmo conjunto, sem precisar mudar o que estão vestindo. É a camada de RA que faz a mágica. Experimentações têm acontecido nessa área há algum tempo, mas o que iremos ver no Quinto Paradigma é, de um lado, a proliferação de diferentes utilizações, e, de outro, uma enorme prevalência.

Mas, para os profissionais de marketing, ainda existem problemas a serem pensados profundamente. Quando as pessoas estiverem andando nas ruas com seus aplicativos de RA, elas verão uma tonelada de informações aparecendo em suas telas, sobrepostas ao mundo físico à sua frente. Como uma marca poderia aparecer de maneira inteligente nesse fluxo de consciência? Se existirem uma centena de marcas com centenas de promoções cada uma, e todas poluindo o espaço de tela, essa abordagem não será efetiva. As marcas ainda precisam se destacar. Como os profissionais de marketing podem garantir que suas marcas irão se sobressair, atrair a atenção dos consumidores e engajá-los de maneira efetiva? Essa será uma maneira fascinante para repensar todo o modelo, todo o contexto de como uma marca abordaria a atenção deles, o engajamento e o comércio.

Realidade virtual (RV)

A realidade virtual começou com um grande *hype*, mas sua chegada tem sido lenta. Essa é a tecnologia que fornece uma visão imersiva de tudo, em 360 graus. Os usuários se sentem transportados para o meio de qualquer coisa que estejam visualizando. Essa tecnologia possui enorme potencial, mas ainda precisa evoluir em termos de qualidade, pois os visuais ainda são razoavelmente pixelados. Os usuários ficam enjoados se estiverem assistindo a algo se movimentando, além de precisarem utilizar uma espécie de capacete, o que, por si, já não é uma experiência tão boa.

Mas esse é apenas o começo. Trate-o como uma prova de conceito que está demonstrando aos profissionais de marketing as possibilidades dessa tecnologia. A RV vai evoluir em muitas frentes, não só na qualidade dos gráficos. As próprias unidades se tornarão elegantes e confortáveis. O custo de produção de vídeos de RV da melhor qualidade cairá drasticamente, do início ao fim. Camadas de realidade aumentada serão sobrepostas ao próprio ambiente de realidade virtual. Os avanços irão se fazer presentes para melhorar ainda mais as experiências imersivas, com elementos como o som sendo ajustados com base no elemento a que o consumidor está assistindo. Sistemas de cobrança serão integrados harmoniosamente, permitindo a realização de pagamentos instantâneos.

Por exemplo: um fabricante de lustres produz duas peças dignas de museu, as quais são muito caras de se armazenar, frágeis para transportar e ocupam muito espaço de exposição em uma loja. A empresa possui diversas lojas em locais diferentes ao redor do mundo e precisa descobrir onde será mais provável que os lustres sejam vendidos e expô-los apenas nessa localidade, excluindo a oportunidade de expô-los em outras lojas. Ela sempre pode apresentar vídeos e pôsteres em outras filiais, mas é improvável que alguém compre esses itens caros a partir desses recursos.

Eis que a RV entra em cena. A empresa produzirá um vídeo altamente imersivo e interativo do lustre visto sob todos os ângulos, de modo a apresentar sua grandiosidade, aparência, sensação e textura. Esse vídeo RV dá ao consumidor uma experiência altamente realista e imersiva do lustre, o que pode dar um empurrãozinho no consumidor em direção a sua compra. Todas as lojas podem possuir esse vídeo e fornecer aos clientes em potencial uma experiência virtual realística. Com a sobreposição de uma camada de realidade aumentada, a interatividade pode ser trazida à vida de maneira assombrosa.

O que aconteceu aqui foi que a empresa de lustres acabou superando um enorme desafio de distribuição e propaganda. Os profissionais de marketing podem pensar em todos os tipos de aplicações, através de diversas categorias de produtos e indústrias. Por exemplo, linhas aéreas podem mostrar suas cabines de primeira classe, ou os hotéis podem apresentar seus quartos e suítes, além de lindas paisagens. De certa maneira, esses provedores de serviços estão realizando amostragens virtuais. O Marriott já começou a utilizar essa tecnologia em algumas de suas propriedades.[50] A RV pode ter um profundo impacto na publicidade e amostragem de uma empresa, além de impactar estratégias de engajamento de consumidores.

Visualizar eventos ao vivo, como shows e jogos esportivos, será uma grande aplicação da RV. Pense nisto: será que os profissionais de marketing querem mostrar anúncios 2D para espectadores de um jogo ao vivo em uma realidade virtual altamente imersiva? Ou eles gostariam de descobrir a melhor forma pela qual seus anúncios podem aparecer de maneira convincente, ao longo das linhas de visão dos espectadores, mas, ao mesmo tempo, sem serem invasivos?

Com a pandemia de Covid-19, um grande número de eventos ao vivo foi cancelado (esportes, shows, conferências, exposições, entre outros). No mesmo instante, muitos shows migraram para o mundo virtual. Normalmente, eventos ao vivo são assistidos em escala na televisão e, em sua maior parte, em 2D. No entanto, se os valores de produção e as experiências da RV forem grandiosos, esses eventos podem ser mais bem aproveitados de maneira imersiva, em que os consumidores sentem que estão no meio da ação. Quando o conteúdo é rico e envolvente, essa é uma poderosa oportunidade para as marcas se conectarem com seus consumidores. Hoje, muitos profissionais de marketing já descobriram que simplesmente pegar um anúncio de TV e utilizá-lo em um canal digital não é o curso certo de ação; isso não atrai bons resultados. Da mesma forma, os profissionais de marketing não podem simplesmente utilizar um anúncio 2D e estampá-lo no ambiente de realidade virtual. Eles precisam ser harmoniosos ao ambiente de RV para se encaixar e gerar resultados fortes.

Em um futuro não muito distante, veremos a emergência de exposições e shows em RV, tanto pela eficiência (de custo e tempo) quanto pelo impacto. Esses shows e conferências, na verdade, proliferarão dramaticamente, até mesmo por apresentarem aos participantes remotos uma experiência muito realista e completamente imersiva.

Smart speakers

Amazon, Google e diversas outras empresas já começaram a produzir *smart speakers*. Esses dispositivos são caixas de som conectadas à internet, por intermédio das quais o usuário faz perguntas ou dá comandos verbais ao assistente virtual, que responde por meio da fala. A interação do usuário com um *smart speaker* é predominantemente — quando não completamente — baseada na fala. Por exemplo, se usuários fazem uma pergunta ao *smart speaker*, referindo-se a este como "Siri" ou "Olá, Google", eles recebem uma resposta de volta. Eles pesquisam, buscam e até mesmo fazem compras. Todo o processo de interação e compra é realizado por meio da voz, por isso o chamamos de comércio por voz. Desde buscas até avaliações e compras, tudo acontece por intermédio da voz.

O comércio por voz está decolando de maneira grandiosa. As interfaces de *smart speakers* estão se tornando cada vez mais inteligentes, e sua voz está soando cada vez mais como a humana. Cada vez mais pessoas estão comprando esses aparelhos. Até o final de 2019, mais de 25% de todos os domicílios norte-americanos possuíam um *smart speaker*.[51]

Uma empresa normalmente surge em um ambiente visual tradicional apresentando seus produtos de modo convincente e reforçando-os com sua marca, a qual é estudada com profundidade e muito bem projetada. Essa abordagem evoluiu para se tornar mais científica, e isso tem funcionado bem para auxiliar a empresa a se destacar da multidão, capturar a atenção do consumidor e, com sorte, motivá-lo o suficiente para comprar seu produto. Mas, com *smart speakers*, tudo está acontecendo por meio da fala. Não existe um espaço visual. E, quando não existe um espaço visual, todas as otimizações visuais feitas até então se tornarão irrelevantes nesse contexto, em uma tacada só.

Portanto, as marcas precisam descobrir como operar nesse ambiente exclusivamente vocal. É importante notar que, em um contexto visual, os consumidores podem ver diversas coisas ao mesmo tempo. Uma marca pode aparecer ao lado de diversas outras marcas ou outros conteúdos na mesma tela. Mas o áudio é linear, sequencial. Uma pessoa pode falar a respeito ou ouvir apenas um pedaço de conteúdo ou uma marca por vez. Portanto, quando um consumidor faz uma busca, os profissionais de marketing precisam descobrir como seus negócios podem aparecer na primeira recomendação. Também é interessante notar que, de acordo com um estudo, 70% de todos os donos de *smart speakers* já realizaram pelo menos uma compra por meio desses aparelhos.[52] Então, agora existe um novo guardião, influenciador e quase tomador de decisões na Alexa e Amazon. E que possuirá uma dinâmica totalmente nova, com a qual os profissionais de marketing precisam lidar.

Projeção holográfica

Alguns anos atrás, Tupac Shakur apareceu magicamente no palco do Coachella Valley Music and Arts Festival. A multidão foi à loucura. Foi um efeito quase holográfico, no qual vídeos são transmitidos e refletidos por meio de espelhos angulados, dando à audiência uma ilusão razoavelmente realista. Desde então, os hologramas avançaram bastante, e diversas empresas estão ressuscitando cantores mortos para comparecer a turnês. Portanto, marcas que patrocinam shows musicais agora podem patrocinar turnês de holografias 3D de artistas mortos. Eu vi uma demonstração com Roy Orbison e Maria Callas, e parecia ser de verdade. Havia uma orquestra real no palco, e os hologramas dos dois artistas estavam no meio, interagindo com eles e com a plateia. Foi fascinante. Na época, precisei sentar bem na frente do palco, dentro de determinado ângulo de visão, para visualizar um efeito realístico. E de fato foi muito real!

Desde então, a Microsoft lançou a Realidade Mista, movida pela Azure AI. Em uma demonstração impressionante, uma apresentadora em Las Vegas mostrou como ela poderia ser virtualmente transportada e holograficamente projetada no Japão para dar um discurso por lá. E não apenas isso, graças à IA, a apresentadora, que não falava japonês, pôde parecer que estava realmente falando em japonês, sendo totalmente autêntica em termos de tom de voz, inflexões e outros pontos. Para a audiência japonesa, poderia parecer que essa mulher estava no local e realizava um discurso excelente no idioma do país, sem exigir viagens ou aulas de língua. Isso poderia ser um divisor de águas em diversos campos (de cuidados de saúde até entretenimento, reuniões virtuais e por aí vai). E, acima de tudo, pode fornecer oportunidades incríveis para o marketing.[53]

Shows holográficos chegaram para ficar. E eles precisam de patrocinadores. Como competirão com shows ao vivo de artistas vivos, haverá um excedente de oferta que poderia, com sorte, manter os preços desses patrocínios baixos e acessíveis. Mas qual é o poder de consumo dos consumidores? Quantos shows eles podem consumir? Para os profissionais de marketing, especialmente aqueles que estão no espaço experiencial ou que consideram estar nesse espaço, essa é uma área que eles devem observar de perto para montar suas estratégias.

Vendas e demonstrações de produtos podem ser poderosas e convincentes quando feitas por meio de projeções holográficas. É como estar no local com os produtos e com os consumidores e mostrar-lhes exatamente como o item funciona, com detalhes incríveis. Isso pode evoluir para uma ferramenta poderosa de vendas e marketing B2B.[54]

Outras aplicações em potencial para projeções holográficas poderiam incluir sessões de criações conjuntas de anúncios, serviço ao consumidor, showrooms virtuais, treinamento de produtos para reforçar as vendas, entre outras.

Para estar em sua melhor forma, os profissionais de marketing precisam ficar atentos a esse tipo de desenvolvimento, para descobrir em quais oportunidades eles poderão alavancar essa tecnologia e inventar estratégias para testar, aprender, refinar e lançar.

Internet das Coisas (IoT)

No Quinto Paradigma, todos os aparelhos de casa e do trabalho, assim como aqueles usados no caminho de um lugar para outro, estarão conectados. Todos os aparelhos conectados poderiam ser um meio de marketing, Eletrodomésticos, termostatos, fechaduras, carros, balanças, malas e muito mais, todos estarão coletando dados, e muitos até mesmo fornecerão interfaces para interações vocais, visuais ou ambas. Uma vez que todos os aparelhos conectados coletem dados, os profissionais de marketing precisarão ser capazes de juntar todas essas informações, extrair sentido dos dados, encontrar insights práticos e agir com base neles. Poderia ser tão simples quanto servir um anúncio personalizado na tela de uma geladeira (a Samsung já oferece uma geladeira com tela),[55] no painel de um carro conectado ou através de seus alto-falantes.

Isso possui um impacto significativo em como os profissionais de marketing organizam e preparam suas infraestruturas e capacidades. O mundo dos anúncios precisará repensar toda a sua arquitetura, toda a forma como anúncios concorrem entre si e são ofertados em um ambiente da Internet das Coisas. Atualmente, não existe tal ecossistema ou infraestrutura para suportar esse tipo de ambiente.

Os profissionais de marketing precisam pensar na jornada de seu consumidor, identificar suas dores e oportunidades de vendas em tempo real e tomar ações imediatamente. Isso exige uma reestruturação completa de abordagens, processos e tecnologias viáveis atuais de publicidade e marketing.

Dispositivos vestíveis

Desde relógios, sapatos, bandanas e braçadeiras, até anéis e roupas, os *gadgets* vestíveis já estão aqui, ainda que altamente fragmentados. As pessoas estão sendo capturadas pelas habilidades desses dispositivos de medir qualquer coisa acerca de si mesmos, e a busca pelo eu quantificado está avançando rapidamente. Seja na forma de utensílios conectados em tempo real ou que enviem seus dados em lotes para a nuvem, esses aparelhos coletam informações vitais sobre os consumidores em importantes áreas para eles. (Daí a razão pela qual vestem os *gadgets* em primeiro lugar!) O que os profissionais de marketing farão com esses dados se puderem acessá-los?

As implicações disso são muito semelhantes às da Internet das Coisas, com a exceção de que os dados dos dispositivos vestíveis focam nas informações que os consumidores querem saber acerca de si mesmos e podem, consequentemente, oferecer insights mais acurados e sem precedentes sobre os indivíduos. Eu sempre aconselharia os profissionais de marketing a serem muito respeitosos com a privacidade de seus consumidores e não se intrometerem em suas vidas. Não façam nada sem a permissão explícita deles e certifiquem-se de que eles saibam, claramente, e não escondidos por trás de jargão jurídico, quais permissões estão concedendo. Os dados dos dispositivos vestíveis podem oferecer uma nova camada de informações de valor inestimável para o desenvolvimento de produtos e ofertas.

Impressão 3D

A impressão 3D pode ser uma dádiva para os profissionais de marketing em uma série de indústrias, desde a de serviços de saúde até a automotiva, a industrial e a financeira. Quando olhamos para o quarto P do marketing, é tudo sobre praça (local), ou seja, distribuição. A impressão 3D pode ser uma grande oportunidade e solução para a distribuição. Permita-me apresentar alguns exemplos:

- **Serviços de saúde.** Próteses e acessórios, como aparelhos auditivos, feitos com impressão 3D rapidamente se tornarão a norma no Quinto Paradigma. Por exemplo, eu conheço uma pessoa que tinha o arco do pé caído e foi se consultar com um cirurgião de pés, o qual sugeriu algumas próteses, tomou as medidas e disse que demoraria algumas semanas antes de essa pessoa recebê-las. Não seria bem mais interessante se ele tivesse sido capaz de imprimir a prótese ali na hora e dá-la ao meu amigo?

- **Automotivo.** Consumidores podem receber peças sobressalentes impressas no local.

- *Merchandise.* Mercadorias e pequenas amostras de produtos podem ser feitas pela impressão 3D.

- **Personalização.** A impressão 3D oferece uma oportunidade fantástica para customizações.

- **Prototipagem de produtos.** A impressão 3D pode auxiliar a prototipagem de produtos, realizando-a com mais rapidez e com custo muito menor do que métodos tradicionais de prototipagem, seja de uma embalagem de shampoo ou de um produto industrial.

Além dessas, outras tecnologias estão avançando rapidamente, como a robótica e os drones, e que irão impactar o mundo do marketing e um ou mais de seus 4 PS.

Os profissionais de marketing precisam entender as implicações e oportunidades que todas essas mudanças tecnológicas representam, preparando-se para esse futuro admirável e usando o poder delas para suas empresas ou marcas. Como poderão modelar suas metodologias de engajamento e materiais de modo a serem tão multidimensionais e versáteis quanto as próprias mídias? Essas tecnologias, movidas por IAS e 5G, podem permitir coisas incríveis: soluções e experiências altamente personalizadas, contextualmente apropriadas, envolventes, interativas e imersivas. Os profissionais de marketing podem deslumbrar os consumidores sem os assustar ou amedrontar. O mundo adiante será de possibilidades fenomenais.

Para resumir...

- Haverá um novo ecossistema que emana da combinação de um bombardeio de novas tecnologias. Os profissionais de marketing precisam planejar como se manter no topo e à frente da evolução.

- Como poderão tirar vantagem dessas novas dimensões emergentes?

- Que tipo de parcerias precisarão estabelecer para alavancar, desenvolver e testar suas iniciativas nestes novos espaços?

- Quais são os custos e benefícios e como poderão começar a testar esses modelos e a aprender com os testes?

- Será que os profissionais de marketing precisarão de talentos internos para desenvolver essas soluções? Se dependerem de parceiros externos, será que precisam instruir a si mesmos e suas equipes por meio de treinamentos ou workshops?

7

Desbloqueando as blockchains

Existe muita confusão na cabeça das pessoas quanto às diferenças entre blockchains e bitcoin. Muitos se confundem e pensam que as duas coisas são iguais. Mas existe uma enorme diferença. Permita-me tentar desmistificar as blockchains.

Bitcoin é uma moeda. Blockchain é a tecnologia que cria, rastreia e gerencia os bitcoins, e todas as outras criptomoedas, diga-se de passagem. Da maneira mais simples possível, uma blockchain é um livro virtual para a manutenção de registros. Em termos de contabilidade, um livro que mantém todos os registros de transações é chamado de livro-razão; normalmente, um contador ou departamento de contabilidade insere as diferentes transações no livro-razão e o mantém atualizado. Uma blockchain é um livro-razão digital de transações, com todos os detalhes associados. A transação de fato aconteceu? Qual foi o seu volume? Quando ocorreu? Onde? Quais foram os termos? Ao mesmo tempo que é fundamentalmente a mesma coisa, a blockchain também é diferente. Em vez de uma pessoa ou departamento manter o livro-razão, este está distribuído ou compartilhado em uma comunidade, cujos membros fazem seu dever ao validar e adicionar uma marca de tempo e hora nessas transações. É o que chamamos de *livro-razão distribuído*.

Existem muitos tipos de tecnologia de blockchain, mas, de modo geral, sempre que uma transação ocorre, toda a comunidade consegue visualizá-la. Essa operação é chamada de bloco, que, uma vez criado na blockchain, não pode ser adulterado. É imutável, e ninguém pode alterar seus detalhes. Caso alguém adicione informações ou outros conteúdos à transação, estes aparecerão como um novo bloco, plenamente visível para todos os participantes. Portanto, uma vez que todos na comunidade veem todos os blocos da transação, existe ali um alto nível de confiança. E a prova da transação está marcada em pedra (bem, uma pedra digital!), e ela é irrefutável e seus detalhes são imutáveis.

Para muitas indústrias, as blockchains podem ser extremamente úteis por aumentarem a transparência e reduzirem a complexidade de transações. Por exemplo, elas podem ser incrivelmente valiosas ao rastrear cadeias de suprimentos de produtos. Digamos que a contaminação de alguns vegetais exija que eles sejam retirados das prateleiras. Como uma empresa identifica a fonte e retira tudo que seja proveniente daquele lote ou fazenda de todas as lojas para as quais havia sido distribuído? Rastrear com os sistemas atuais levaria diversos dias, se é que seria possível. Com uma blockchain, todos os estágios da jornada dos vegetais estão claramente registrados, da fazenda ao armazém, deste para o veículo que os conduziu para a cidade, até o armazém dessa cidade e, finalmente, até a prateleira de destino final. Cada estágio é um bloco. E esses blocos (ou registros) são imutáveis. Graças à blockchain, são necessários apenas alguns segundos para rastrear essa jornada.

Bitcoin, por outro lado, é um tipo de criptomoeda, a mais conhecida do gênero. Criptomoedas não são emitidas ou respaldadas por nenhum governo. Sua oferta é limitada, e, dependendo da demanda, as pessoas estão dispostas a pagar mais ou menos, com as moedas respaldadas por seus governos, por determinada unidade. O valor das criptomoedas pode flutuar loucamente e, no momento, é um jogo de apostas. As criptomoedas, de modo geral, são habilitadas por tecnologias de bitcoin.

Sem mergulhar muito a fundo em criptomoedas, é suficiente para nós, neste momento, saber que:

- **Bitcoin** é um tipo de criptomoeda; blockchain é um tipo de tecnologia.

- **Blockchain** é a tecnologia responsável por viabilizar criptomoedas.

- **Criptomoedas** são apenas um entre todos os possíveis tipos de aplicação das blockchains.

- **Blockchains** são um sistema de manutenção de registros, sem uma autoridade central ou uma forma única de controle. Elas são distribuídas com todos os seus participantes, os quais agem como testemunhas de todas as transações, prevenindo que essas operações sejam alteradas posteriormente.

Antes de nos aprofundarmos em alguns exemplos do mundo do marketing, também iremos abordar outro termo mencionado com frequência no contexto das blockchains. Esse termo é *smart contract*, ou contrato inteligente. Digamos que existam duas partes (podem existir múltiplas partes, mas vamos manter o básico). Ambas concordam com o acordo ou transação, sendo os termos e condições aceitáveis para ambas. Esses termos e condições são, então, programados em um software, que roda automaticamente e assegura o seu cumprimento. Isso é chamado de contrato inteligente. Ele não é alterável; não é possível mudá-lo. As partes envolvidas podem confiar na transação e em seu resultado, sem a necessidade de que intermediários verifiquem ou validem. Ninguém precisa dizer que a reação aconteceu de fato, e ninguém precisará conciliar nenhum número posteriormente. Esse é o valor central das blockchains.

Pagamentos de publicidade

O ecossistema de publicidade é opaco, recheado de problemas de confiança, alegações de suborno, falsificações de dados e mais. Alguns anos atrás, Association of National Advertisers [Associação de Anunciantes Nacionais] (ANA) comissionou a K2 Intelligence para estudar as práticas da indústria. Suas descobertas foram impressionantes: propinas de veículos de publicação para agências eram uma prática amplamente disseminada.[56] Havia fraudes desenfreadas em anúncios. Da mesma forma, estudos mostraram que apenas 60% dos dólares de publicidade pagos pelo dono de uma marca de fato vão para o veículo de publicação. O restante fica com intermediários, cujo trabalho é contar, verificar, validar e conciliar os números.[57] Entre o dono da marca e o veículo de publicação, existe uma grande quantidade de intermediários em todos os estágios, os quais pegam, cada um, a sua fatia do bolo. Como pode ser visto na Figura 5, os intermediários incluem a agência de mídia, a plataforma do lado da demanda, o servidor dos anúncios, a corretora de anúncios, a plataforma de pré-verificação, a plataforma do lado da oferta e as plataformas de validação/verificação de dados. E isso é apenas um subgrupo dentre todos que participam desse processo.

ECOSSISTEMA DE PUBLICIDADE

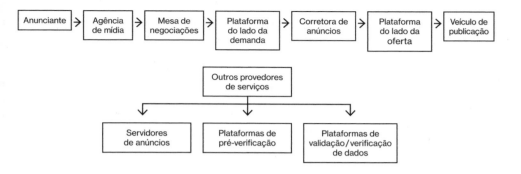

Figura 5

Fica claro que, quando menos de 60% dos investimentos de publicidade vão para o veículo de publicação, chegou a hora de a cadeia de valor e do ecossistema serem corrigidos. E é nesse momento que as blockchains entram em cena.

Os anunciantes deveriam pagar apenas pelos anúncios que apareceram de modo legítimo e apropriado. Eles precisam saber que seus anúncios foram vistos por seres humanos, e não por *bots*. Precisam saber que seus anúncios apareceram em sites reais, e não em sites fraudulentos. Precisam saber que seus anúncios são claramente visíveis. Precisam se certificar de que recebem dados com base nos quais podem realizar os pagamentos. Por conta da falta de confiança, a prevalência de fraude e de todas as outras más práticas, os anunciantes precisam de um sistema em que possam confiar e que traga eficiência de custo a partir da remoção de intermediários. Eles ainda precisarão de alguns intermediários, mas existe a oportunidade de cortar algumas camadas.

Com tecnologia de blockchain, as marcas podem fechar contratos inteligentes com os veículos de publicação e qualquer outro intermediário necessário. Todas as partes ganharão acesso às mesmas informações de impressões reais, conforme definidas e acordadas a priori. Todos podem ver exatamente o que está acontecendo. E o anunciante pode, então, pagar exatamente aquilo que foi entregue. Ele pode economizar quantias significativas de dinheiro, o qual pode ser reaplicado no negócio, em vez de pagar intermediários ou, pior, fraudes.

A partir das blockchains, os profissionais de marketing podem não apenas ganhar uma vantagem de custo, mas também obter a tão necessária transparência e precisão de dados. E mais, eles também conseguem obter uma imagem mais clara acerca do que está funcionando, e de quão bem está funcionando, conseguindo, assim, otimizar a alocação de fundos ao longo de diversos canais de mídia ou campanhas. Quando possuem total transparência, eles podem tomar as decisões corretas. Na ausência desta, podem estar otimizando o processo — se é que podemos chamar assim — com base em informações incorretas.

Blockchains são mais seguras do que contabilidades tradicionais, pois os registros estão distribuídos entre todas as partes. Se os sistemas de qualquer uma das partes for hackeado, os dados continuarão intactos para o restante dos participantes. Para hackear um livro-razão, o hacker precisa invadir todos os participantes da blockchain e todos os lugares onde os dados estão armazenados. Isso faz com que o método descentralizado de manutenção de registros seja muito mais seguro do que mantê-los em um lugar único.

Se as blockchains são tão boas e efetivas assim, elas decerto já devem ser amplamente adotadas no espaço publicitário atual, certo? Não exatamente. Nem todos no ecossistema têm tanto a ganhar quanto o anunciante e o veículo de publicação. Para fazer com que as blockchains se enraízem, a escala deverá ser muito maior; isso significa que uma grande parte dos publicadores de mídia e anunciantes precisam se juntar e construir o ecossistema de blockchain. Isso obviamente não vai ao encontro dos interesses dos intermediários, pois seus papéis e renda irão desaparecer. Mas isso por fim acabará acontecendo, como deve.

Algumas empresas, como a IBM, já realizaram projetos-pilotos com a Unilever e a MediaOcean. Resultados iniciais mostraram que recuperar quinze a vinte centavos por dólar dentro dos próximos cinco anos é um objetivo razoável. O mercado global de publicidade online vale 333 bilhões de dólares esse ano, de acordo com a eMarketer em 2019. Portanto, a economia poderia girar na casa dos 65 bilhões de dólares.[58]

No Quinto Paradigma, os profissionais de marketing enfrentarão ainda mais pressão para encontrar oportunidades de aumentar eficiência, ao mesmo tempo que se espera que entreguem resultados. As blockchains terão um papel-chave nisso.

O restante da cadeia de valor do marketing

Assim como as cadeias de valor de publicidade, existem outras cadeias de valor no mundo do marketing, tais como as de pós-produção, de empacotamento, de valor promocional, de valor de *influencers*, entre outras. Existem oportunidades em cada uma dessas áreas. A regra clássica é: qualquer processo com múltiplos intermediários, preocupações com transparência, déficits de confiança, prevalência de fraudes, necessidade de validação ou prova de transações, bem como de reconciliação de números, está pronta para adotar blockchains.

Procedência

Outra palavra também é ouvida com frequência no contexto de blockchains: *provenance*, ou procedência. Procedência é a habilidade de traçar a origem de um produto e rastrear sua jornada. Isso é muito importante para os profissionais de marketing, particularmente para itens de luxo, produtos farmacêuticos e peças de reposição. Em todos os lugares nos quais existe o risco de produtos falsos serem levados ao mercado, é essencial saber quais são originais e autênticos e quais são falsos. Um item pode ser rastreado desde o ponto de sua fabricação até o momento em que chega ao comprador. Em todos os estágios, a cada vez que passa de uma mão a outra, de uma parte da cadeia de suprimentos para a próxima, o produto é validado, garantindo sua autenticidade. Caso um produto falso entre no mercado, ele não terá esse tipo de jornada autenticada.

No Terceiro e Quarto Paradigmas, as empresas que fabricavam itens de luxo fixavam hologramas em um produto para demonstrar sua autenticidade. A suposição era de que seria extremamente difícil, senão impossível, duplicar o holograma. Portanto, podia-se estar relativamente confiante de que o produto com essa marca era o original. No Quinto Paradigma, identidades digitais serão equivalentes a hologramas. Cada produto possuirá uma identidade digital exclusiva e, por meio da tecnologia de blockchain, poderá ser rastreado durante todo o processo, desde a fábrica até a loja de varejo ou até além.

Atualmente, de déficits de confiança e traições persistentes, um selo de autenticidade poderia ser um grande diferenciador de marcas. Isso é exatamente o que a combinação de blockchains com identificações digitais pode trazer para a mesa. Digamos que um consumidor esteja no mercado em busca de um relógio Patek Philippe. Ele precisa rastrear seu histórico de propriedade para possuir uma evidência sólida de sua autenticidade. As blockchains, com sua capacidade de rastreabilidade, são a resposta.

E mais, para muitas pessoas, a origem da comida é extremamente importante. Quando os consumidores veem um produto orgânico na prateleira, por exemplo, eles podem querer saber quando e onde foi produzido, por onde viajou antes de chegar à loja e coisas afins. O conceito de procedência faz exatamente isso. Para aqueles que são ecologicamente conscientes, ou que são sensíveis às práticas de fabricação, e que estão querendo conhecer a origem e jornada de um produto, as blockchains serão uma tecnologia de valor inestimável. No futuro, as sensitividades dos consumidores estarão nas alturas, e o fardo da prova de autenticidade pesará sobre as marcas.

Poderão existir inúmeras oportunidades para alavancar as blockchains no marketing. No Quinto Paradigma, as blockchains serão verdadeiramente desbloqueadas e é razoável dizer que se tornarão o centro de todo o ecossistema de marketing.

Para resumir...

- Blockchains não são o mesmo que bitcoins ou outras criptomoedas; elas são a tecnologia subjacente às criptomoedas.

- Blockchains agregam valor substancial em termos de confiança, transparência e imutabilidade para as transações de um ecossistema por meio de contratos inteligentes.

- As blockchains podem trazer ganhos de eficiência e a tão necessária confiança de volta à cadeia de valor da publicidade. Elas também possuem aplicações em potencial em outras cadeias de valor da área do marketing.

- Procedência (*provenance*) é um conceito importante que ajuda a rastrear a jornada e a origem de qualquer item. O conceito possui diversas aplicações em torno da autenticidade e da jornada dos produtos, e da credibilidade de fontes no mundo do marketing.

8

As ciências por trás do marketing

Durante uma de minhas temporadas internacionais, estava jantando com um de meus colegas seniores, que possuía um MBA e passou o início da carreira no marketing. Posteriormente, ele se tornou um diretor geral bem-sucedido. Ele fez uma observação interessante naquela noite: contanto que você acerte nos 4 PS e tenha desenvolvido e lançado uma campanha publicitária meio decente, já terá realizado um marketing bem-sucedido. Por que, perguntou ele, precisamos complicar o marketing?

Em um nível mais amplo, ele não estava errado. Mas a questão-chave é: como chegar naquela fórmula correta de marketing? Como criar o produto certo com os atributos e benefícios corretos? Como precificá-lo de modo a ser benéfico tanto para o consumidor quanto para a empresa? Como saber qual tipo de pacote evoca determinada emoção e ação do consumidor? Como saber como criar essa campanha, seja ela "meio decente" ou totalmente convincente? E como saber se sua oferta possui o poder para se estabelecer, e não é apenas uma maravilha de uso único? Não é possível criar uma fórmula bem-sucedida baseada apenas na intuição ou mesmo empregando metodologias rudimentares. Existem ciências por trás de cada um desses aspectos que auxiliam o profissional de marketing a obter insights poderosos que irão levar a resultados bem-sucedidos.

Um dos princípios do marketing quântico é integrar os poderes da arte, tecnologia e ciência para adentrar as mentes e corações dos consumidores. O objetivo é aprender como e por que os consumidores pensam, sentem e agem de determinada maneira e como influenciar suas preferências.

Desenvolvimentos significativos estão acontecendo no mundo da ciência, apesar de não serem tão rápidos quanto no mundo da tecnologia. Entretanto, esses desenvolvimentos científicos possuem um profundo impacto no marketing, que sempre dependeu de diversas ciências (psicologia, sociologia, antropologia, matemática, entre outras). Mas áreas como a economia comportamental, neurociência, ciências sensoriais (estudos da visão, audição, olfato, paladar e tato) e a ciência do anonimato começaram a complementar as ciências tradicionais. Elas estão impulsionando o marketing para um nível completamente novo.

Vamos analisar algumas delas.

Economia comportamental

Economia comportamental não é uma ciência nova. Ela existe desde o início dos anos 1970, e grandes nomes como Daniel Kahneman e Richard Thaler fizeram com que o campo ganhasse proeminência e destaque comercial. Dizendo de maneira simples, economia comportamental é o estudo de como diversos fatores, tais como o psicológico, emocional ou a influência social, afetam as decisões econômicas de indivíduos e instituições. Trata-se de um dos campos mais envolventes, e é muito divertido de se aprender.

Nós utilizamos a economia comportamental para encontrar formas melhores de decifrar como os consumidores irão se comportar, em oposição às suas intenções, quando estiverem cara a cara com outras alternativas. Suas decisões não podem ser explicadas com base apenas em modelos econômicos tradicionais e racionais ou em lógica. Por que os consumidores às vezes compram uma opção menos atraente financeiramente mesmo quando são apresentados a uma opção melhor?

Tudo se resume à maneira pela qual os indivíduos processam, pensam e sentem antes de decidir. Tudo isso é afetado por fatores psicológicos, emocionais, sociais e culturais. Quando integramos insights de todas essas áreas, percebemos que, no final das contas, existe um método em meio à loucura. A economia comportamental nos fornece os contextos para entender os relacionamentos e inter-relacionamentos de diversos parâmetros com base nos quais os consumidores escolhem. A aplicação da economia comportamental está vindo para o primeiro plano, não apenas no âmbito de marketing de empresa-para-consumidor, mas também no de empresa-para-empresa.

Permita-me fornecer um exemplo extremamente simplista. Digamos que sejam apresentadas duas ofertas distintas a um consumidor: dois casacos de 100 dólares saindo por 150 dólares ou o primeiro casaco por 100 dólares e o segundo por apenas 50 dólares. Contas simples demonstram que ambas as ofertas oferecem exatamente o mesmo valor. A teoria racional sugeriria que o consumidor trataria as duas ofertas da mesma forma e que ambas teriam um desempenho idêntico. Mas, no mundo real, mais pessoas podem ficar propensas a escolher a segunda oferta. Isso possui um impacto profundo sobre como os profissionais de marketing estabelecem preços e criam promoções.

É absolutamente essencial que os profissionais de marketing detenham um bom entendimento sobre como otimizar e construir suas promoções e campanhas. Muitas ofertas podem ser testadas e verificadas por meio de técnicas experimentais. Entretanto, realizar esses estudos é muito caro e consome muito tempo, além de ser praticamente impossível testar todas as possibilidades. Isso é ainda mais válido para o cenário de marketing em tempo real.

Quando estudamos a economia comportamental, nos deparamos com contextos, parâmetros e paradigmas sólidos para prever as escolhas dos consumidores com base em testes e experimentos limitados. Em seguida, podemos refinar em tempo real essas hipóteses e modelos conforme avançamos. E mais, as IAs trarão uma nova profundidade no entendimento de dinâmicas de decisão, o que nos permitirá realizar prognósticos com precisão.

Vamos ver outro exemplo. Profissionais de marketing estão decidindo sobre uma estratégia de precificação para um relógio, e a estratégia incluirá um desconto promocional. Na primeira abordagem, precificam o relógio em 400 dólares e dão um desconto de 10%. O preço líquido para o consumidor será 360 dólares. Na segunda abordagem, aumentam o preço base para 500 dólares e dão um desconto de 20%. Nesse caso, o preço líquido para o consumidor será 400 dólares, quarenta dólares a mais do que na primeira abordagem. Vamos assumir que a principal marca concorrente é precificada em 450 dólares e possui as mesmas funcionalidades, qualidade e estatura de marca. Qual abordagem é a melhor? Ou o profissional de marketing deveria apenas igualar o preço com a concorrência, pois mais renda será gerada dessa maneira?

Dizendo de maneira lógica e financeira, a primeira rota é mais atraente para o consumidor, portanto, pode-se pensar que ela resultaria na obtenção de uma fatia substancial do mercado e criaria um bom impulso de vendas. Certo? Não se apresse! Os profissionais de marketing deveriam realizar um teste de preços, testes A-B, designs experimentais, análises de fatores ou algo diferente? Em algum nível, todos estes meios fornecem alguns insights, mas provavelmente informam pouco acerca dos motivos da compra. A economia comportamental analisaria a situação e obteria um entendimento excelente acerca das inter-relações e interações entre as variáveis que influenciam a escolha. No exemplo anterior, a precificação em 500 dólares cria um ponto de referência contra o qual os 400 parecem uma barganha, e pode, na verdade, acabar sendo a promoção mais bem-sucedida.

Até mesmo teorias mais velhas, como aquelas de Thorstein Veblen, de 1899, podem fornecer muitos insights e aprofundar o conhecimento sobre precificação e estratégias promocionais. Por exemplo, itens de luxo são frequentemente comprados e expostos de maneira bem ostensiva, para ressaltar o status do comprador. O efeito Veblen diz que a demanda por esse tipo de produto sobe conforme seu preço aumenta, pois os preços mais altos sinalizam para o consumidor que seu valor intrínseco ou fator de status é maior. Esse é exatamente o oposto do que dizem as teorias de microeconomia clássica: que o preço e a demanda são inversamente correlacionados.

Ravi Dhar, professor na Universidade de Yale e diretor do Centro de Insights de Consumidores, está correto quando diz: "A maioria dos profissionais de marketing considera que os consumidores são agentes racionais que ponderam cuidadosamente todos as contrapartidas possíveis, ao passo que, na prática, as escolhas emergem de processos intuitivos, que fazem uma opção aparente ser mais atraente do que as outras".

Como os consumidores escolhem quando dispõem de possibilidades conflitantes? Como os profissionais de marketing podem entender o modo como eles fazem essas escolhas? E como esses profissionais podem utilizar esse entendimento e esses insights para criar suas próximas promoções e campanhas? Como isso irá afetar estratégias de precificação e até mesmo o posicionamento de marcas e produtos? Como e por que os consumidores respondem de maneiras distintas a pacotes diferentes, quando todas as outras variáveis são mantidas iguais? A economia comportamental fornece algumas respostas, as quais podem auxiliar de maneira significativa os profissionais de marketing no desenvolvimento de estratégias melhores.

Neurociência

O texto médico mais antigo de que se tem notícia, que descreve um ferimento cerebral em 1600 a.C., demonstra nosso interesse por esse órgão.[59] Ou seja, nosso desejo de entender o cérebro não é exatamente recente. Com os avanços modernos, a neurociência, conforme nos aproximamos do Quinto Paradigma, está ganhando mais apoio do que nunca.

Quando realizamos uma pesquisa para novos anúncios, embalagens e coisas afins, em geral perguntamos do que os consumidores gostam e por quê. Assumimos que quando os consumidores dizem que gostam de um produto, embalagem ou anúncio, eles já observaram todos os seus detalhes, para então dizer que gostam. Da mesma forma, assumimos que dizem exatamente de que gostam, e de fato entendem os motivos pelos quais gostam do que gostam. No mundo real, muitos sentimentos dos consumidores, incluindo gostar ou não de algo, acontecem de maneira mais subconsciente e quase espontânea. Em outras palavras, eles podem não saber do que gostam, e sabem ainda menos o porquê de gostarem do que disseram que gostam. Noventa por cento das tomadas de decisão acontecem no subconsciente. Por definição, o subconsciente é "sub" (significando "abaixo") da percepção consciente. Se dependermos apenas de ferramentas conscientes, as quais envolvem fazer perguntas para as pessoas ou mover um marcador, iremos perder informações importantes que são responsáveis pelo comportamento dos consumidores. A neurociência é extremamente útil ao trazer ordem para esse espaço. Durante os estudos, cientistas colocam uma espécie de touca, contendo sensores ou eletrodos não invasivos em seu interior, sobre a cabeça das cobaias. Esses sensores detectam impulsos elétricos no cérebro no momento em que estes acontecem. Quando um padrão de atividade em particular ocorrer — tal como uma maior atividade no lado esquerdo do córtex frontal, se comparado com o lado direito —, isso indica de maneira clara que o consumidor gostou do que acabou de ver. Se o oposto ocorrer, pode ser um sinal de que o consumidor sentiu algo negativo.

Agora mostre ao consumidor uma propaganda em vídeo. Conforme ela se desenrola, o cérebro começa a ativar diferentes áreas, com os neurônios sendo acionados e distintas partes do cérebro se comunicando. A touca ajuda a rastrear a atividade cerebral segundo a segundo e a mapear essa atividade ao longo de todos os trechos da propaganda. Portanto, ao final do estudo, os profissionais de marketing sabem exatamente quais partes da propaganda o consumidor achou interessantes e positivas, a quais foram indiferentes, por quais sentiu rejeição, quais mais provavelmente seriam relembradas no futuro etc. Note que as medidas de memória subconsciente diferem daquelas medidas tradicionais de recordação e retenção consciente. Isso é uma riqueza de informações, com base na qual qualquer profissional de marketing pode agir sobre e melhorar a efetividade geral da propaganda.

Pranav Yadav, fundador e CEO da Neuro-Insight, afirma:

> Enquanto as emoções são um elemento importante de todas as histórias, a única coisa que torna um anúncio efetivo é a sua "memória de longo prazo", especificamente nos pontos de branding e mensagens-chave. Se você não lembrar das mensagens-chave ou dos momentos de branding, não vai agir sobre a mensagem no mercado. Tradicionalmente, nem fomos capazes de medir as "memórias de longo prazo" reais, nem possuímos uma medida "segundo a segundo" para indicar como recebemos mensagens-chave e branding, e certamente não fomos capazes de levar em consideração o contexto (show de TV ou *feed* do Instagram). Ser capaz de alcançar esse nível de fragmentação é um enorme marco para as marcas.

Outras técnicas semelhantes entram na categoria de "biométricas", com diferentes graus de efetividade. Por exemplo, codificação facial, rastreamento ocular e condutividade da pele são fáceis de implementar, e, mesmo que não possam medir o cérebro diretamente, eles conseguem agregar um nível mais profundo de informações e insights quando comparamos essas técnicas com pesquisas de mercado tradicionais, tanto em termos qualitativos quanto em termos quantitativos.

Ciência sensorial

A aplicação da ciência dos sentidos no campo do marketing ainda é relativamente recente, e a examinarei em detalhes no próximo capítulo, "Todos os sentidos". Por alto, a sinopse é a seguinte: está se tornando cada vez mais importante (e é uma enorme oportunidade para os profissionais de marketing) utilizar como ferramentas todos os cinco sentidos, para que sejamos capazes de aparecer em meio ao ruído, engajar os consumidores e influenciar suas escolhas e decisões de compra. A coordenação efetiva dos sentidos pode ser feita para estimular as partes do cérebro que auxiliariam a realização de tudo isso. Esse é um campo emergente, e já há muitos bons trabalhos iniciando nessa área.

A ciência do anonimato

Estritamente falando, essa não é uma ciência por si só, mas escolhi incluí-la pelo papel significativo que pode desempenhar e pelo tanto que ainda pode ser descoberto nesse campo. As pessoas se comportam de maneira diferente quando estão sozinhas e quando estão em grupos e em outros contextos sociais. Um indivíduo pode ser sovina quando está sozinho, mas talvez afrouxe os bolsos quando está em um grupo, só para ser incluído. E, quando está anônimo, um indivíduo pode se comportar de maneira ainda mais diferente do que se estivesse sozinho ou em grupo. O anonimato reduz ou elimina inibições e concede uma confiança adicional às pessoas para que façam e digam coisas que não ousariam fazer ou dizer quando sua identidade é conhecida. Além do mais, em um ambiente social anônimo, a camada adicional do pensamento coletivo também tem seu papel. Há uma amplificação de sentimentos de ousadia e agressão, entre outros.

Como o anonimato afeta o comportamento do consumidor e como, portanto, afeta os profissionais de marketing? Irei discorrer sobre três áreas importantes:

1. Compras online não oferecem aos consumidores anonimato, no verdadeiro sentido da palavra, mas os poupam de contatos físicos. Isso altera comportamentos. Por exemplo, em culturas conservadoras, comprar produtos íntimos ou de higiene feminina é um momento muito constrangedor, que as pessoas prefeririam evitar. Mas, quando há uma opção online, mesmo que não seja anônima, existe um grau de distanciamento, o que facilita a compra. Portanto, o mundo online é o primeiro grau de distanciamento que pode estimular a compra. Será que os profissionais de marketing seriam capazes de impulsionar tanto a demanda quanto a preferência caso entendessem mais profundamente as dinâmicas do anonimato? Sim. E não estou falando de apenas remover a fricção, impedindo compras impulsivas (as quais, é claro, realmente empurram a demanda para o alto).

2. O segundo grau de distanciamento, no qual um completo grau de anonimato é fornecido, é o uso de criptomoedas. Quando os consumidores compram algo com, digamos, bitcoins, estão seguros de que ninguém pode rastrear a compra e chegar até eles. Como resultado, muito tráfico de drogas, pornografia e afins acontecem por meio de criptomoedas. De fato, em certo momento, a combinação de criptomoedas e a Silk Road, o site de tudo o que era ilegal, foi mortal.

   Os profissionais de marketing precisam fazer algumas perguntas pertinentes e examinar as respostas para as categorias de seus produtos ou serviços. Por exemplo, se as pessoas querem comprar algo de maneira legal, mas querem fazer isso anonimamente, por qualquer motivo que seja, como esse comportamento de compra se manifesta? Da mesma forma, como funcionaria uma estratégia de precificação em criptomoedas? Se os profissionais de marketing estabelecerem um preço em criptomoedas, isso os tornaria melhores aos olhos do consumidor? Ou eles estariam assumindo o risco de volatilidade da criptomoeda e se abrindo para potenciais perdas que podem acontecer em um único movimento no mercado? Existem prós e contras em cada abordagem, e os profissionais de marketing precisam pensar cuidadosamente sobre elas, inserindo-as em seus contextos, e agir com consciência.

3. Em um contexto social de anonimato, as pessoas tendem a ser mais desagradáveis e negativas. Um estudo de 2016 liderado por Christopher Bartlett, do Gettysburg College, entrevistou estudantes universitários e descobriu que, ao longo de um ano acadêmico, as pessoas que sentiram que sua identidade estava camuflada online eram mais propensas a reportar que se envolvem com *cyberbullying* e que mantinham uma atitude permissiva com relação a isso. ("Está tudo bem se alguém merecer isso.")[60].

Em um contexto de anonimato, as pessoas tendem a apedrejar marcas com mais ousadia e em abundância. E, em uma situação de pensamento de grupo e linchamento, como os profissionais de marketing defenderiam suas marcas? As redes sociais estão devorando tudo, o vício em aparelhos está se tornando tóxico, interações interpessoais estão mudando e o próprio tecido cultural de nossa sociedade está se alterando. Estudar a ciência por trás disso é muito importante, pois ela informará como os profissionais de marketing devem desempenhar seus papéis na apresentação e proteção de suas marcas. Quando entenderem melhor as dinâmicas e a psicologia subjacentes, eles serão capazes de construir estratégias e de estar mais bem preparados. Pesquisas nessa aplicação e nesse espaço específicos são relativamente recentes, mas teremos uma riqueza de insights importantes em um futuro não tão distante.

Em outro nível, os profissionais de marketing também precisam avaliar o papel que as plataformas de redes sociais assumem na contenção de tais atividades adversas e, muitas vezes, injustas com algumas marcas. Será que deveríamos instar as plataformas de redes sociais a serem locais onde as marcas estarão seguras e não sejam *troladas* por valentões anônimos? Afinal, os profissionais de marketing financiam as plataformas sociais por meio de suas receitas publicitárias, então não deveríamos fazê-las responsáveis por prevenir e mitigar o bullying contra as marcas?

No fim das contas, por mais que estejamos focando na rápida transformação do panorama tecnológico, não deveríamos nos esquecer das ciências básicas que afetam o marketing e dos novos desenvolvimentos que estão acontecendo. Um marketing bem-sucedido começa por um entendimento profundo das ciências e uma adoção profunda de tecnologias.

Para resumir...

- Diversos campos científicos estão evoluindo em termos de suas aplicações no mundo do marketing, viabilizando uma parte indispensável para um melhor entendimento em relação aos consumidores no Quinto Paradigma. Economia comportamental, neurociência e ciências sensoriais começaram a complementar os contextos clássicos. Elas estão impulsionando o marketing para um nível completamente diferente.

- Conforme os consumidores lidam com uma enxurrada de mensagens de marketing e outras interações, nós não conseguimos explicar suas decisões com base apenas em lógica e economia clássica. A economia comportamental está procurando caminhos melhores para descobrir como os consumidores irão se comportar quando confrontados com alternativas.

- A psicologia, especialmente em ambientes anônimos, possui uma implicação direta nas dinâmicas de redes sociais. Quando os profissionais de marketing entenderem melhor a psicologia subjacente e as dinâmicas comportamentais do anonimato, eles estarão mais bem preparados para a montanha-russa inevitável das redes sociais.

9

Todos os sentidos

Neste ponto, vamos deixar a ciência e a tecnologia para trás e focar nas dinâmicas dos consumidores e em algumas outras mudanças que vão se desenrolar no Quinto Paradigma, e em como os profissionais de marketing deveriam se dirigir a elas e aproveitá-las.

Com uma ampla gama de novos aparelhos, telas e conteúdos envolventes e imersivos, a sobrecarga de informação para um consumidor que já está sobrecarregado será ainda mais monstruosa. Os consumidores simplesmente serão incapazes de processar tudo o que será jogado em sua direção. Eles lidarão com isso se desligando, bloqueando o mundo exterior ou buscando refúgio em ambientes pagos sem anúncios. No momento em que os consumidores são facilmente acessíveis, seus corações e mentes serão difíceis de serem alcançados através de tanto ruído. Ainda assim, os profissionais de marketing precisam contar suas histórias, seja a de seus produtos, seja a de seus serviços ou de suas marcas.

Como? A resposta é uma única palavra: *sentidos*. Primeiro, vamos analisar um pouco o histórico de um dos desenvolvimentos mais inovadores do marketing quântico, o *marketing multissensorial*.

Como nosso cérebro funciona

Os cinco sentidos fornecem informações constantemente ao nosso cérebro. Partes diferentes dele processam essas informações e nos ajudam a dar sentido ao mundo à nossa volta. Vamos focar apenas em duas partes e processos que impactam diretamente e são relevantes para o marketing.

Primeiro, existe a área tradicionalmente chamada de *cérebro primitivo*. O cérebro primitivo funciona rapidamente e com pouco esforço. Por exemplo, quando vê um tigre, você não pensa; só corre. Essa é a sua ação por reflexo. Seu cérebro primitivo sente o perigo, você sente um medo profundo, sua adrenalina é ativada e corre por sua vida.

Os sentimentos são, em grande escala, originados no cérebro primitivo, o qual também é o responsável pelas emoções. O cérebro primitivo foi identificado como pensamento do Sistema 1, o pensamento rápido, aparentemente sem esforço, subconsciente e intuitivo, que guia muitos de nossos comportamentos e tomadas de decisão.

Em segundo, o cérebro cognitivo, que se relaciona com o que é chamado de pensamento do Sistema 2. O cérebro cognitivo analisa cuidadosamente as informações e situações, e o resultado faz com que a pessoa aja ou reaja de determinada maneira.

A maioria de nossas decisões são motivadas pelo que sentimos, ou seja, pelos pensamentos do Sistema 1. O cérebro cognitivo pode informar a decisão, mas a decisão é motivada por como nos sentimos. Vamos analisar um exemplo. Um consumidor vê o rótulo de um produto alimentício no qual está escrito "6 gramas de proteína"; o processamento dessa informação acontece por meio do Sistema 2. Seu preço também é avaliado pelo Sistema 2. Entretanto, o Sistema 1 faz o papel de "ler as entrelinhas" subconscientemente. As palavras, fontes, formas e imagens acionam ou transmitem significados mais sutis, baseados em nossas experiências e, por fim, nos levando a tomar decisões de compra.

Os profissionais de marketing precisam focar nesse "sentir" e em aspectos não verbais muito mais do que, me atrevo dizer, em aspectos racionais. Anatomicamente, as partes do cérebro que processam cheiro estão localizadas perto do hipocampo, onde o cérebro armazena memórias. Logo, cheiros evocam as memórias mais intensas. As mensagens podem ser transmitidas para os consumidores por meio da visão, audição, paladar, olfato ou tato. Milhões de entradas de dados são armazenados em nossa memória sem nossa atenção consciente, e, se os profissionais de marketing utilizarem os recursos visuais e símbolos corretos, música e ritmo, textura e toque, fragrância e sabores, eles poderão ressoar de maneira mais profunda do que meras alegações racionais.

Em geral, quando os profissionais de marketing pensam em propaganda, pensam em anúncios estáticos, em áudio ou audiovisual. Independentemente de qual tipo de anúncio utilizarem, ou de quais meios, as propagandas mais impactantes serão principalmente as que indicam as associações corretas por meio do Sistema 1 de pensamento, provavelmente até mesmo em função da exclusão do cérebro cognitivo. Se os profissionais de marketing se enveredarem com as associações subconscientes corretas (por exemplo, confiança, confiabilidade, inovação) de maneira efetiva em suas campanhas, eles obterão melhores resultados. Componentes adicionais que apelam para o cérebro cognitivo racional podem ser a cereja do bolo.

No marketing tradicional, os profissionais da área se apoiam principalmente na visão e na audição. No marketing quântico, precisarão tratar e alavancar tantos sentidos quanto for possível. Os cinco sentidos principais podem, coletivamente, causar um tremendo impacto. É a isso que nos referimos com as expressões branding multissensorial e marketing multissensorial.

O som, especialmente o ritmo e a música, lida com a parte primitiva do cérebro, onde é imediatamente traduzido em sentimentos, emoções e, por vezes, até em movimentos. E mais, os consumidores são biologicamente forçados a ouvir qualquer som que esteja sendo tocado (não podemos simplesmente escolher não ouvir algo), enquanto podem desviar o olhar de qualquer espaço visual. A não ser que a pessoa esteja com protetores de ouvido, o som sempre chama sua atenção, tornando esse sentido uma via muito poderosa até seu coração e sua mente.

Esse som pode ter muitas formas: música, vozes de narradores e personagens, sons de ambiente, e por aí vai. Um grande salto na forma com a qual iremos alavancar o som no Quinto Paradigma é criar o equivalente a logomarcas e sistemas visuais de design no espaço auditivo, o branding sonoro, ou seja, uma sequência de sons que definirão e distinguirão uma marca de maneira única.

O branding é parte fundamental do marketing, o branding sonoro é uma extensão fundamental do branding como um todo, um elemento-chave do marketing quântico. O branding sonoro não diz respeito apenas a ter uma boa música de fundo ou um jingle. É a criação de uma arquitetura abrangente de uma marca sonora, algo muito parecido com os profissionais de marketing que hoje possuem uma arquitetura visual de marca. Assim como uma marca normalmente possui um logo e um sistema de design com os quais as pessoas a associam, os profissionais de marketing precisam criar uma identidade sonora de marca que as pessoas consigam reconhecer imediatamente.

Nos paradigmas iniciais do marketing, costumávamos ter jingles para criar associações fortes entre uma sintonia e a marca. Embora essa abordagem seja unidimensional, os jingles têm sido muito eficientes. Eu, assim como a maioria de vocês, ainda lembro dos jingles de diversas marcas da minha infância que eu amava ou odiava, mas certamente nunca ignorava. Hoje, os profissionais de marketing precisam ir muito além dos jingles.[61]

O estudo de caso da Mastercard sobre sua criação de marca sonora é instrutivo.[62] Nós criamos uma arquitetura de marca sonora abrangente, começando com a criação de uma melodia de trinta segundos. Esse é o DNA central da marca sonora, uma coleção e sequência de notas que criam uma melodia que é, em primeiro lugar, muito agradável. Obviamente, não queríamos que a marca fosse associada a algo desagradável. A melodia precisava ser:

- **Memorável.** A conexão entre uma melodia e a marca não acontece a não ser que seja memorável.

- **Cantarolável.** Deve "grudar" com mais firmeza na memória das pessoas. Ela se torna algo que é chamado de "verme de ouvido". Na verdade, é um som ou melodia que se fixa na mente de maneira bem positiva.

- **Neutra.** Deve ser favorável e apropriada a qualquer situação ou mensagem, senão pode dominar e afogar tudo o mais.

- **Versátil através de diferentes culturas.** Por mais universal que a música seja, ela se manifesta de maneira bem diferente de país para país, de uma região para outra e de uma cultura para cultura. Portanto, era preciso se certificar de que a melodia fosse lindamente transportada por diferentes culturas e continentes.

- **Adaptável e apropriada a diferentes gêneros musicais.** Quer as pessoas estejam ouvindo ópera clássica ou música eletrônica, quer estejam em um festival de música sertaneja ou em um show de rock, a melodia precisa se encaixar no ambiente.

- **Apropriada para qualquer situação.** Seja uma intensa partida de futebol ou uma noite romântica linda e suave, em uma boate com música alta ou algum lugar solene e nostálgico, a melodia precisa ser totalmente adaptável.

Ainda me lembro do olhar do pessoal quando entregamos esse briefing para as agências musicais: olhares de perplexidade total e expressões verdadeiramente impagáveis.

Depois de dois anos de trabalho intenso com músicos, musicólogos, compositores, estúdios e diversos artistas, conseguimos descobrir uma melodia que seguia esses princípios. Nas palavras de Mike Shinoda, um músico incrível e cofundador da banda Linkin Park, essa melodia é tão simples e ainda assim tão única que um ajuste pequeno em seu tempo ou instrumentação imediatamente a transportam para uma cultura diferente.

Essa melodia faz parte de todas as propagandas da Mastercard, seja como música ambiente ou principal. Ela é tocada em todos os eventos e fóruns da empresa; a tocamos quando alguém liga para a Mastercard e é posto em espera; criamos até mesmo *ringtones*, literalmente dezenas deles, que qualquer pessoa pode baixar. A melodia Mastercard tem sido extremamente bem testada para certificar sua validação em estudos neurológicos, os quais descobriram que ela é evocativa: agradável, cantarolável, memorável e altamente adaptável a qualquer situação, qualquer gênero musical, qualquer cultura. Portanto, as pessoas podem se relacionar com ela em qualquer parte do mundo, em qualquer situação. A sensação é de realmente parecer nativa em qualquer lugar em que tenha sido colocada.

A taxonomia do branding sonoro

Ao mesmo tempo que a melodia é o primeiro nível e o nível fundamental da arquitetura da marca, um subgrupo dela, com três segundos de duração, é sua assinatura (veja a Figura 6).

Um dos melhores exemplos de assinatura sonora é a da Intel, onde todas as propagandas são assinadas no final com sua mnemônica sonora extremamente bem conhecida. O que é único acerca da assinatura da Mastercard é a sua derivação da melodia. Ao manter uma conexão firme com a "melodia-mãe", e, portanto, trabalhando em proximidade com a melodia, ela reforça a identidade sonora da Mastercard.[63]

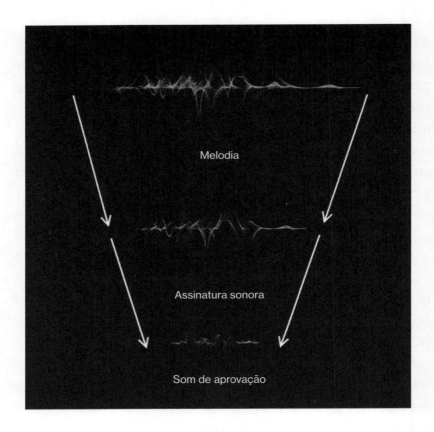

Figura 6

Todos os anúncios da Mastercard irão fechar com essa assinatura sonora. Esse é o segundo nível do branding sonoro, e nós procuramos por mais oportunidades para utilizá-lo. Por exemplo, todos os computadores e laptops da empresa tocam a assinatura sonora ao iniciar.

E existe um terceiro nível: um subgrupo mais profundo de nossa melodia sonora, medindo 1,3 segundo. Essa melodia está embutida nos pontos físicos e digitais de todas as interações com a Mastercard. Chamamos isso de "som de aprovação". Toda vez que uma transação de pagamento ocorre de maneira bem-sucedida, os consumidores ouvem o som reconfortante da Mastercard. No momento em que escrevo, o som de aprovação da Mastercard já está incorporado em mais de 50 milhões de pontos de interação ao redor do mundo, e isso segue aumentando com força.

Para receber reconhecimento universal por nossa logomarca, por mais de cinco décadas investimos consistentemente na construção da identidade visual. É isso que fez o logo ser reconhecível ao redor do mundo, mesmo sem o nome Mastercard atrelado a ele. Retiramos o nome no começo de 2019, tornando-o um dos poucos símbolos de marcas icônicos.[64]

Mas, para alcançar esse nível de reconhecimento pela marca sonora, não queremos e não podemos esperar por mais cinco décadas. Como podemos construir esse reconhecimento rapidamente? Desenvolvemos uma estratégia chamada de os 3 As (atenção, associação e atribuição). Primeiro, é preciso construir a *atenção* à melodia. Em seguida, uma vez que as pessoas a reconheçam, elas precisam começar a *associá-la* à Mastercard, o que significa que começarão a fazer a conexão entre o som e a marca. E, finalmente, serão capazes de *atribuí-la* corretamente à Mastercard ao longo de um período de tempo.

Como criar uma atenção forte? Não podemos simplesmente manter nossa melodia tocando repetidamente nos anúncios e vídeos. Decidimos criar nossas próprias músicas originais, com a melodia Mastercard embutida nelas com sutileza. O ponto-chave é "com sutileza". Se alguma, ou pior, todas as músicas soarem como um hino corporativo, as pessoas irão se retrair. Precisamos ser delicados. A melodia da marca precisa ser entrelaçada naturalmente e com beleza em cada música. E, dessa forma, iniciamos a jornada e lançamos nossa primeira música pop, chamada "Merry Go Round",[65] no começo de 2020.

Fizemos parceria com talentos mundiais. A próxima da fila será o lançamento de um álbum completo, chamado, naturalmente, *Priceless!*.

Ao final do primeiríssimo ano desde seu lançamento, a marca sonora da Mastercard foi reconhecida como a melhor do mundo, saltando à frente de diversas outras empresas que já possuíam marcas sonoras há décadas.[66]

O sentido do paladar

Além das estratégias de marcas visuais e sonoras, a Mastercard também embarcou em uma jornada para acessar o sentido do paladar, que possui uma conexão muito próxima ao cérebro primitivo. Ele rapidamente afeta os consumidores. A maioria das pessoas tende a gostar ou não de um sabor imediatamente. E, caso não gostem de algo logo de cara, pode levar muito tempo até que adquiram gosto por aquela coisa.

É muito natural que o paladar esteja associado a marcas de produtos alimentícios ou bebidas. Mas e quanto a marcas como a Mastercard, que não têm nenhum motivo natural para serem associadas com o paladar? Bem, poderíamos lançar cartões pré-pagos comestíveis, mas isso provavelmente não seria uma ideia inteligente. Em vez disso, a Mastercard lançou o programa Priceless Tables, ou Mesas Inestimáveis,[67] em que um jantar fabuloso é servido em uma ou duas mesas postas em lugares exóticos e completamente inesperados, como no topo de um outdoor em Manhattan, ao lado de um fóssil de dinossauro em um museu de Chicago, ou em um campo de baseball.[68] Essas mesas, das quais já oferecemos milhares ao redor do mundo, criam uma experiência esplêndida para os consumidores, e em grande escala, impactando diretamente na elevação da imagem da marca, com muitas conversas sendo geradas sobre elas nas redes sociais.

Lançamos até mesmo restaurantes, inclusive em Manhattan. Alguns desses restaurantes são, desde o projeto, recriações fiéis de restaurantes exóticos do mundo todo. E continuamos mudando os temas, de modo a manter os conceitos frescos. Por exemplo, um dos restaurantes, chamado The Rock, é bem exótico, e se situa literalmente em cima de uma rocha, na costa de Zanzibar, na Tanzânia. Replicamos o restaurante em seus mínimos detalhes, incluindo a vista de cada uma das janelas, para que sejam idênticas às do restaurante original. O menu, a brisa marinha, a fragrância, a música ambiente, especialmente composta para utilizar nossa melodia sonora, tudo isso criou uma experiência multissensorial. A ideia era criar experiências multissensoriais salutares que o dinheiro não pode comprar — e que apenas um Mastercard pode oferecer.[69]

A empresa criou até mesmo macarons com sabores únicos, em parceria com a premiada confeitaria francesa Maison Ladurée. Um sabor é o gosto de otimismo, o segundo é o gosto da paixão, e eles são apresentados nas duas cores do logo da Mastercard, em vermelho e amarelo. Vendidos em lojas Ladurée específicas, eles também são dados a clientes Mastercard em diversos eventos e conferências para reforçar a marca por meio das papilas gustativas.[70]

Outro exemplo excelente do branding multissensorial é proveniente da Aston Martin, a famosa fabricante inglesa de carros, reconhecidamente associada a James Bond. A marca já realizou alguns trabalhos excelentes no espaço multissensorial. Como uma marca de luxo, seus volumes de vendas são naturalmente limitados e, por isso, não possui um orçamento gigantesco de marketing. Portanto, em vez de depender do marketing tradicional, eles exploraram novos campos para fazer com que seja sentido o impacto de sua marca. Uma dessas novas direções foi o marketing multissensorial, incluindo o branding sonoro.

Não é surpreendente, considerando se tratar de uma marca que existe há mais de cem anos, que sua identidade sonora foi construída ao longo de muitas décadas e seu cerne é o som distinto do motor. A nota do escape é o ronco do carro, uma trilha sonora cuidadosamente projetada que pode mudar de suave para malévola pisando-se no acelerador. Nada foi deixado ao acaso, de modo que se garantiu que todos os sons que o carro faz estejam em harmonia com o som do motor, dos alertas de cinto de segurança até os lembretes de combustível, do clique das marchas até o ranger suave do couro.

Cada elemento da identidade sonora, não importa quão mínimo ele seja, foi pensado minuciosamente. Utilizando o alerta do cinto de segurança como exemplo, a Aston Martin decidiu tornar o aviso mais melódico, de forma a ser mais sugestivo do que exigente. Se o condutor o ignorar, haverá uma segunda e terceira transição de intensidade para notificar a urgência. O fundamental da identidade sonora é combinar os sons que o carro faz com a identidade visual da marca. Sons que expressam e trazem embutidos a perícia do trabalho artesanal, o refinamento e o caráter exclusivo da marca.

A Aston Martin também empregou os sentidos de tato e olfato. São necessárias mais de cem horas para criar o interior de um Aston Martin, e tudo isso é feito com o objetivo de entregar uma experiência sensorial, desde a sensação de toque única que ocorre quando um cliente passa os dedos pelo interior de couro, até o aroma do couro. O aroma é tão distinto que, quando a Aston Martin Works restaura um Aston Martin vintage, eles irão buscar o couro do fornecedor original, para assim garantir que o aroma do couro seja autêntico ao daquele carro. São realmente obcecados, de forma sensacional, em serem verdadeiros e consistentes com cada aspecto da manifestação da marca.

Gerhard Fourie, diretor de marketing e estratégia de marca da Aston Martin, diz: "A identidade da marca se desenvolveu ao longo de muitas décadas, e, mesmo quando avançamos em direção a novos campos do marketing, é essencial que mantenhamos a essência da marca. E para fazer isso, não medimos esforços".

Diversas outras empresas estão na jornada do branding multissensorial, mesmo que estejam apenas começando. Redes de hotéis, em particular o Marriott, têm utilizado "fragrâncias de assinatura" há muitos anos como parte de sua campanha de branding.[71] Muitos varejistas também empregam estratégia semelhante, utilizando o cheiro para envolver o sistema límbico do cérebro (a parte mais conectada às memórias e ao comportamento).

A Nike descobriu que, quando foram adicionadas fragrâncias às suas lojas, a intenção de compra entre seus consumidores aumentou até 80%. Em um relatório parecido, uma loja de conveniência no Reino Unido descobriu que o cheiro de café no ambiente aumentava suas vendas em 300%.[72] Entretanto, isso não deve ser confundido com branding sensorial. Simplesmente adicionar fragrâncias para melhorar a experiência do consumidor, estimular seu cérebro ou evocar seus sentimentos não é branding sensorial, é apenas uma estimulação dos sentidos. O branding sensorial é onde os sons, cheiros, gostos, texturas etc. são exclusivos de uma marca e são reconhecíveis e associados exclusivamente a ela. É a criação de uma identidade de marca a partir de diversos sentidos.

O branding multissensorial tem relação com alcançar os consumidores por intermédio de todos os seus sentidos, empregando meios relevantes, autênticos, cativantes e não intrusivos, destacando-se, portanto, em meio a todo o ruído e chegando a seus corações e mentes.

Para resumir...

- Em um ambiente cada vez mais poluído, os profissionais de marketing precisam se destacar em meio ao ruído e se conectar com os consumidores por meio de todos os sentidos.

- Em um mundo de *smart speakers*, da Internet das Coisas e de dispositivos vestíveis, as marcas precisam se destacar com sons, pois não existe espaço visual nesses ambientes.

- O branding sonoro faz parte da identidade abrangente da marca, com uma arquitetura clara, não com um mero jingle ou melodia mnemônica.

- O marketing multissensorial é um princípio extremamente importante do marketing quântico.

10

A transformação da lealdade

Recentemente li algo na BBC.com que me fez me ajeitar na cadeira. De acordo com o artigo, 75% dos homens e 68% das mulheres admitem trair de alguma forma, em algum momento do relacionamento.[73] Eu pensava que o número provavelmente ficasse na casa dos 30%, no máximo, 50%. Mas 75%?

Descobri que as pesquisas nessa área eram escassas, e os números de infidelidade ficavam em qualquer ponto entre 30% e 60%. Tais números eram semelhantes ao redor do mundo, mesmo que as pessoas fizessem votos de casamento e soubessem das mais sérias consequências. Afinal de contas, as pessoas declararam lealdade "até que a morte nos separe". Em alguns casos, fazem com que um ser supremo seja sua testemunha. Em outros, o casamento é santificado por meio de mantras.

As pessoas sabem que pagam um grande preço se forem pegas sendo adúlteras. Além das questões relacionadas à reputação, existem profundas implicações financeiras. O trauma emocional para elas e para pessoas próximas é significativo. O preço da deslealdade é alto.

Ainda assim, sabendo de tudo isso, uma vasta maioria não parece permanecer leal. Será que é porque as pessoas são feitas para *não* serem leais?

Perguntando de outra forma: se as pessoas não são leais nem em seus relacionamentos, será que nós, como profissionais de marketing e negócios, estamos sendo realistas ao esperar lealdade dos consumidores? Se eles não são leais em sua vida pessoal, não estamos fantasiando poder estimular a lealdade por nossas marcas? No que tange à vida das pessoas, nós nos encontramos, afinal de contas, muito abaixo na cadeia alimentar da atenção. Será que estamos deixando algo passar? Será que precisamos reimaginar a lealdade?

O que é lealdade?

Vamos começar com o básico. O que é lealdade? De acordo com o *Webster*, *lealdade* implica uma fidelidade inabalável mesmo quando confrontada com qualquer tentação de renúncia, deserção ou traição. Seus sinônimos são: piedade, fidelidade, aliança, filiação, devoção.

Na linguagem comum, utilizamos essas palavras de maneira intercambiável, com significados muito semelhantes, mas elas possuem nuances que encarnam lindamente a totalidade do conceito de lealdade.

Piedade significa uma lealdade a algo ao qual uma pessoa está vinculada por escolha ou dever. *Fidelidade* implica uma crença contínua e restrita a uma obrigação, confiança ou dever. *Aliança* sugere uma aderência, como aquela de cidadãos por seu país. *Filiação* implica uma fidelidade reconhecida pelo indivíduo, e é tão exigente quanto um voto jurado. *Devoção* salienta o zelo e o serviço que correspondem a dedicar-se a si mesmo.

Coletivamente, essas palavras remetem ao conceito de alguém comprometido, dedicado a um relacionamento inabalável com alguém ou algo. Por exemplo, as pessoas podem ser leais a uma cidade e gritar de alegria quando um cantor a menciona em um show. Mas isso não as proíbe de se mudar para outras cidades e também chamá-las de lar, e então começar a calorosamente defender sua nova cidade. Da mesma forma, as pessoas possuem fortes sentimentos por seu país, até mais fortes do que por sua cidade. No entanto, em busca de oportunidades melhores, podem se mudar, alterar sua cidadania e construir novas afinidades e lealdades por seu país adotivo.

No espectro da vida, as pessoas possuem sentimentos mais intensos de filiação, aliança e lealdade a alguns aspectos em detrimento de outros. Por exemplo, alguns são fervorosamente fiéis a seus times esportivos, ao seu partido político ou a uma causa com a qual se importam profundamente. Em sua essência, essas são suas paixões. Uma pessoa pode ser apaixonada por muitas áreas, como música, esportes, filantropia, arte, cultura, e por aí vai. Ela exibe fortes sentimentos de filiação ou aliança em todas essas áreas de paixão intensa. E de maneira totalmente voluntária. E, caso mudem sua aliança, isso raramente será repreendido.

Agora vamos voltar ao casamento. Ao mesmo tempo que a ação de entrar em um casamento ou relacionamento é algo voluntário, espera-se que seja um comprometimento. Normalmente um casamento ou relacionamento exige exclusividade diante de todas as oportunidades competitivas. Em uma área como os esportes, ao mesmo tempo que as pessoas podem ser fãs leais de um time em particular, elas também podem seguir diversos outros esportes e times; não existe uma exclusividade emocional subentendida. O mesmo não é válido em um casamento.

A hipótese aqui é de que os seres humanos não são exclusivamente leais. E existe uma hierarquia fascinante de lealdade em funcionamento, sobre a qual falarei mais tarde neste capítulo.

Chegou a hora de as marcas pensarem nesse assunto. Como mencionei antes, se as pessoas não são leais ao seu próprio cônjuge, não deveríamos nos perguntar por que elas deveriam ser leais às marcas? De maneira interessante, através de diversas categorias, os consumidores pertencem em média a quinze programas de fidelidade diferentes. Mas apenas 25% das pessoas realmente os utilizam, e apenas 22% se veem como leais a uma marca. Assim como 75% das pessoas traem relacionamentos humanos, praticamente o mesmo número trai suas marcas.[74]

Isso significa que plataformas e programas de fidelidade são inúteis? Longe disso. Na verdade, é justamente o oposto. Por causa da não lealdade, caso os consumidores se encontrem com o seu concorrente, é possível trazê-los para o seu lado. Além disso, em todos os momentos de inflexão, uma marca corre o risco de perder um consumidor, mesmo que ele a tenha acompanhado por um longo período. Os programas de fidelidade precisam evoluir e interpretar um papel-chave em todos os momentos das escolhas do consumidor, ao mesmo tempo que levam em consideração a mentalidade dele e aproveitam esses insights.

Os programas de fidelidade precisam desenvolver a mentalidade de "ganhar e manter consumidores" para ganhar todas as transações, construindo em cima de vitórias anteriores. O objetivo será alcançar uma "maior fatia da preferência" em favor de sua própria marca. Os consumidores não se importam em tender mais para uma marca, mas, quando são apresentadas tentações e oportunidades, eles de fato se distanciam. Por exemplo, se analisarmos programas de fidelidade de lojas, um consumidor pode pertencer ao programa da Costco, mas isso não significa que ele não possua cartões de fidelidade da Kroger ou que assine e faça compras pela Amazon Prime. Embora obter lealdade pela marca seja um objetivo justo, não é razoável uma marca exigir, esperar ou receber exclusividade.

Na verdade, a lealdade por uma marca me faz lembrar de algumas comunas hippies que costumávamos ver durante os anos 1960 e 1970 nos Estados Unidos, na Índia e na Europa. Todos os residentes e seus gurus eram entusiastas do amor livre e de uma falta de comprometimento com qualquer estilo de vida em particular. Foi exatamente isso que conseguiram. A falta de comprometimento significou que qualquer relacionamento em qualquer momento não teria condições ou consequências. Isso se assemelha muito ao consumidor contemporâneo no Quinto Paradigma. Por que permanecer leal quando existem tantas opções disponíveis?

Vamos analisar a questão sob outro ângulo: dizemos que o consumidor é o rei ou a rainha. Essa é uma boa atitude, uma vez que são eles que pagam nossos salários. Muitas marcas já reconheceram isso há muito tempo, tanto que exclamam com orgulho que "nosso cliente é o rei" ou "o cliente sempre está certo"! Mas, se o cliente é o rei ou a rainha, quem deveria ser leal a quem? Seria o rei leal aos seus súditos ou seria de se esperar que os súditos fossem leais ao rei? Bem, sempre são os súditos (as marcas) que devem sua vassalagem, aqueles que, pegando emprestada uma fala de *Game of Thrones*, "dobram o joelho". A partir dessa abordagem, nós, profissionais de marketing e empresas, precisamos repensar nossa abordagem quanto à lealdade.

Antes de seguirmos em frente para mostrar como criar uma nova aproximação no contexto do marketing quântico, eis um rápido resumo:

- A exclusividade de uma marca não é uma aspiração realista.

- As marcas e empresas deveriam reconhecer que os consumidores esperam que elas sejam leais a eles, e não o contrário.

- Os profissionais de marketing precisam entender as verdadeiras dinâmicas da lealdade e de relacionamentos saudáveis com consumidores.

Qual é a abordagem do marketing quântico?

Tudo isso não significa que as marcas deveriam jogar fora os programas de valor de marca e seguir diretamente para descontos enormes e selos privados. Nada disso. É possível fazer o marketing funcionar para compras de alto valor, assim como para compras de alta frequência. Primeiro, entenda o que eu chamo de hierarquia da lealdade (veja a Figura 7).

Figura 7

A lealdade é uma série contínua com quatro manifestações:

1. **Movida por propósito ou causa.** Essa é a maior escala de comprometimento. Quando os consumidores podem apoiar uma causa, como mudança climática, educação, igualdade de renda ou pesquisas médicas, eles o farão com esforços e atitudes que transcendem qualquer motivo egoísta ou qualquer expectativa por algo em troca. Eles se importam profundamente com algo e apoiam isso completamente. Além de permanecerem comprometidos com essa causa ou propósito.

2. **Movida por paixão.** Vá a qualquer evento esportivo para ver uma manifestação de paixão. As pessoas se tornam fãs de um esporte ou time e são, por definição, fanáticos. Eles estendem seu apoio e continuam sendo fãs dedicados. Assim como a lealdade movida por propósito, este é um relacionamento unilateral: o indivíduo é um grande fã do time, mas os membros do time nem sabem da existência desse fã, o que não o incomoda em nada. Os fãs usam com orgulho as cores e brasões de seus times. Eles extraem muito orgulho e um pouco de identidade de tais demonstrações.

3. **Movida a relacionamentos.** Em relacionamentos, as duas partes se comprometem uma com a outra, de modo explícito e implícito. Não é apenas um comprometimento, mas, em sua maior parte, é uma expectativa mútua. Como as duas primeiras camadas são filiações relativamente duradouras, os relacionamentos podem ser fluidos e variam enormemente em intensidade.

4. **Movida pelo comércio.** Esta é a camada mais baixa; é a camada mais transacional. Aqui existe a troca de valores. O consumidor paga ou faz algo e recebe alguma coisa em troca. Contanto que

os consumidores vejam algo de justo ou atrativo na transação de valor, eles continuarão a se envolver com a marca. Mas estão abertos a outras possibilidades, e são facilmente tentados a se afastar. As empresas oferecem incentivos e recompensas para tentar fazer com que os consumidores continuem com elas, acreditando, erroneamente, que estão gerando lealdade!

Vida longa à afinidade!

No Quinto Paradigma, os profissionais de marketing precisam evoluir seus programas tradicionais de lealdade de longo prazo em direção a "plataformas de afinidade". *Afinidade* é explicada como "uma força atrativa entre substâncias ou partículas que faz com que elas entrem e permaneçam em uma combinação química". Sem coincidências até aqui. Essa definição é bem próxima à da química quântica. Vamos nos focar em construir a química da marca ao longo do Quinto Paradigma. Isso descreve perfeitamente o que as marcas deveriam almejar construir: uma afinidade, uma química que mantenha marcas e consumidores unidos, de momento a momento. Na hora em que a química desaparecer, de maneira semelhante a um casamento, essa dupla irá se separar, só que mais rápido.

Como construir a química
e a afinidade pela marca

Trabalhe com toda a hierarquia de lealdade
Aproveite as quatro camadas da hierarquia (propósito, paixão, relacionamento e comércio) ao misturar elementos de

cada uma à estratégia de marketing. Isso significa entender as mentalidades dos consumidores, em um nível tão detalhado quanto possível, no que se refere às causas em que eles acreditam (propósito), àquilo de que são fãs (paixão), a quais são suas famílias ou redes sociais (relacionamentos) e a qual é seu comportamento de compras (comércio). Todas as quatro devem ser incorporadas simultaneamente.

1. **Propósito.** Se determinado consumidor for engajado em salvar o meio ambiente, incorpore o meio ambiente à mistura. Os profissionais de marketing podem querer oferecer produtos e embalagens amigáveis ao meio ambiente, ou podem dar uma pequena parcela dos lucros da marca para a proteção ambiental, oferecer um desconto caso entreguem a embalagem de seus produtos para reciclagem, entre outras estratégias.

2. **Paixão.** Se o consumidor for apaixonado por golfe, no mínimo entregue algumas imagens relacionadas ao esporte nos materiais de comunicação e utilize canais de mídia de golfe para comunicar sua mensagem. Nesse exemplo, os profissionais de marketing podem precisar construir benefícios em torno do golfe, mesmo que a atividade não esteja conectada a sua categoria: talvez o acesso a eventos de golfe, a jogadores profissionais de golfe ou a memorabilias assinadas.

3. **Relacionamentos.** Estruturas familiares (solteiro ou com família, com filhos ou sem), redes sociais (pessoas tendem a se agrupar com outras que compartilham interesses em comum; profissionais de marketing também conseguem ter uma ideia de por quem seus consumidores são influenciados ou a quem podem influenciar) e propensão a mudanças (vamos chamar

isso de pontuação de infidelidade), esses pontos serão de valor inestimável conforme os profissionais de marketing pensarem na construção dos produtos e ofertas, em formatos de comunicação e veículos de comunicação e de conteúdo.

4. **Comércio.** Os consumidores querem saber se estão recebendo um bom valor. Muitos precisam até mesmo sentir que estão realizando uma barganha para fazer uma mudança ou persistir com sua marca atual. Apesar de cada consumidor demonstrar alguma elasticidade de preços, uma disposição a comprar determinado produto independentemente de seu valor — mas só até certo ponto —, os preços afetam as demandas e escolhas dos consumidores. Os profissionais de marketing precisam considerar esses aspectos quando forem estabelecer os preços e estratégias de promoção, para se certificar de que estão ganhando a preferência todas as vezes.

Desenvolva plataformas de gestão de preferência contextual (CPM)[75]
A CPM permite que os profissionais de marketing incorporem todas as camadas da hierarquia de lealdade em um plano coerente que seja relevante e valioso, tanto para o consumidor quanto para o profissional de marketing.

Acesse informações em tempo real sobre o consumidor, sejam os seus dados de compra, seja a sua localização
Isso determina qual será a próxima melhor oferta ou comunicação, quando fazê-la, e exatamente em qual local.

**Não aborde a comunicação contextual
de maneira superficial**

Construa o engajamento com o consumidor antes, durante e após a compra. Esse ponto é como a CRM [Customer Relationship Management, gestão de relacionamento com o cliente] em tempo real com esteroides, para apresentar em termos simples. Saber o que está acontecendo com o consumidor e ao redor dele é tarefa imprescindível.

O segredo é perceber que a preferência do consumidor precisa ser ganha todas as vezes; não é algo que se faz uma vez e está garantido. A habilidade de ganhar todas as transações com os consumidores faz com que seja necessário que os profissionais de marketing saibam qual é o contexto de cada uma das ações — a localização, a ocasião, a motivação — e tudo isso na hora da verdade. O objetivo é atrair, convencer, converter e satisfazer, para então repetir o processo.

Aproveite as plataformas de fidelidade tradicionais

Ao fazer isso, os profissionais de marketing desenvolvem continuamente uma predisposição positiva nas mentes dos consumidores. Essas plataformas de fidelidade oferecem ao consumidor uma âncora tangível de razão e emoção para que continuem com a marca. Independentemente de quanto as utilizem, os consumidores amam o fato de que possuem uma opção atraente. É como ter uma apólice de seguro: uma pessoa pode ou não utilizá-la, mas tem a segurança e a satisfação de possui-la.

Encante o consumidor

Nada funciona melhor para manter os consumidores do que oferecer uma experiência intuitiva e encantadora ao longo do ciclo de vida da compra, da compra à utilização, e depois até o retorno para uma nova aquisição.

No marketing quântico, o gerenciamento de lealdade precisa se transformar em plataformas de gestão de preferências, criando programas para uma predisposição positiva e oferecendo aos consumidores experiências que os encantem. As plataformas precisam trabalhar em sintonia para atrair e reter os consumidores, tanto quanto as mentalidades deles permitirem. E todas precisam estar associadas com a marca, pois é neste momento que a afinidade dela nasce e é reforçada.

Em um mundo onde os consumidores estão pulando de marca em marca, esperar que permaneçam exclusivamente com a mesma durante anos não é realista. Tudo isso significa que os profissionais de marketing precisam criar programas e plataformas sistêmicas que misturem a arte e a ciência do gerenciamento de preferências por meio dos contextos, das experiências e emoções (veja a Figura 8).

GESTÃO DE PREFERÊNCIAS

| Propósito
Paixão
Relacionamentos
Comércio | → | Mix do marketing | → | Atrair
Convencer
Converter
Satisfazer
Repetir |

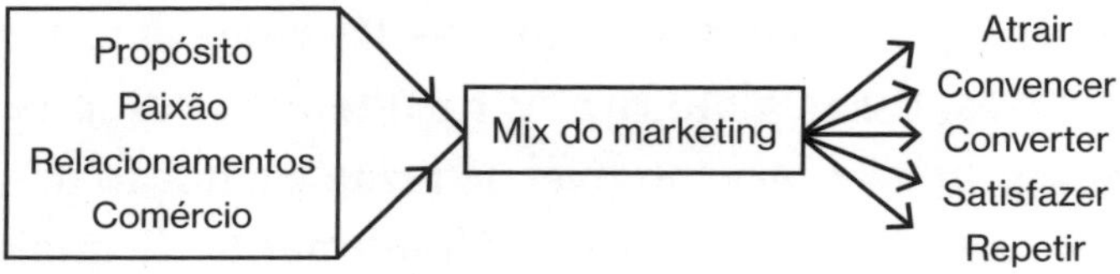

Figura 8

Me dê afinidade. Me dê química. Me dê contexto. Me dê relevância. Me dê experiência. E irei entregar a você um crescimento rentável e um ganho sustentável de fatia do mercado. Essas coisas podem direcionar a marca para o curso correto até o futuro quântico.

Para resumir...

- Parece que a maioria das pessoas não exibe lealdade em seus casamentos e relacionamentos pessoais. Diante desse cenário, os profissionais de marketing precisam pensar no motivo pelo qual as pessoas serão leais à marca, isso se forem leais.

- As marcas deveriam reconhecer que os consumidores esperam que elas sejam leais a eles, e não o contrário.

- Os profissionais de marketing precisam reimaginar por completo suas estratégias de fidelidade para o Quinto Paradigma.

- A lealdade contínua é composta de quatro níveis de comprometimento. Profissionais do marketing precisam entendê-las e assimilá-las em suas estratégias de fidelidade.

- É preciso desenvolver plataformas de gestão de preferências contextuais (CPM) que permitam que se incorpore todas as camadas da hierarquia de lealdade em um plano coerente, que seja relevante e valioso tanto para o consumidor quanto para o profissional de marketing.

11

A publicidade
(como a conhecemos) está morta!

Algo profundo está acontecendo no estilo de vida das pessoas. Todas possuem múltiplas telas nas quais estão constantemente imersas (tablets, celulares, leitores digitais e, é claro, a velha e boa televisão). E estão assistindo a vídeos, conversando, lendo, mandando e-mails, jogando videogame, aprendendo coisas novas... De modo geral, há uma torrente de conteúdo, entre a qual se encontra uma quantidade extraordinária de mensagens comerciais. Com esse bombardeio de informações, em todas as telas, um fluxo constante de distração clama por sua atenção, resultando em uma tremenda fragmentação do foco. Isso está alterando a fisiologia do cérebro humano e reduzindo a janela de atenção das pessoas. Hoje, estima-se que a janela de atenção dos humanos seja ligeiramente menor do que a de um peixinho dourado, com menos de oito segundos.[76]

Uma pessoa está exposta, em média, a algo entre 3 mil e 5 mil mensagens comerciais todos os dias.[77] Todos os dias! Essa sobrecarga astronômica de informações é humanamente impossível de ser processada.

Portanto, um profissional de marketing precisa competir pela atenção dos consumidores contra essa enxurrada de mensagens, tentando se destacar em meio ao ruído, informar as pessoas sobre sua marca, produto ou serviço e inspirá-las a se sentirem favoráveis e decidirem por sua marca.

Que desafio hercúleo!

Agora vamos adicionar mais algumas complicações.

As pessoas querem experiências suaves e ininterruptas no seu cotidiano. Elas não gostam de atrito. Não gostam de interrupções. Estão assistindo a um filme legal, a uma série dramática, a um programa de notícias ou a um vídeo de gatos, até que alguma propaganda estúpida rudemente se intromete em sua vida. As pessoas odeiam intrusões. Elas parecem suportar essas propagandas porque estão procurando por informações, entretenimento ou algum outro conteúdo de maneira gratuita. Mas não existe nada de graça nesse mundo. Elas trocam sua atenção pelo conteúdo ou informação que desejam. Em outras palavras, a atenção delas é a moeda.

Como os consumidores lidam com essas irritações? Em grande parte, utilizam esse tempo das propagandas para irem ao banheiro, ou voltar suas atenções para e-mails ou qualquer outra coisa que possa distraí-los.

As pessoas estão ficando mais inteligentes, como deveriam. Elas descobriram *ad-blockers*, os bloqueadores de anúncios, que, quando ativados, evitam que qualquer propaganda apareça em sua tela. Dito de outra forma, os profissionais de marketing perderam por completo esses consumidores, tendo sido completamente bloqueados, pelo menos nessa tela em particular. Os *ad-blockers* não são raros ou conhecidos apenas por especialistas em tecnologia. Hoje, as estimativas para o número de consumidores que utilizam softwares de bloqueio de anúncio giram entre 600 milhões[78] até 2 bilhões, *o que é aproximadamente um quarto da população mundial,*[79] e esse número cresce todos os anos. Essas pessoas não estão mais acessíveis para os profissionais de marketing, pelo menos não através das telas nas quais instalaram *ad-blockers*.

Analisando os pontos sensíveis dos consumidores, em um esforço para solucioná-los de maneira efetiva, algumas fabricantes de celulares, especialmente na Ásia, estão dando suporte para *plugins* bloqueadores de anúncios em seus navegadores.[80] Portanto, quando uma pessoa compra um celular, ela pode ligar os *ad-blockers* e afastar os profissionais de marketing.

Vamos adicionar mais uma dimensão: o desejo dos consumidores de se mover em direção a um ambiente saudável, livre de qualquer propaganda. Em vez de comercializar sua atenção, agora eles estão comercializando seu dinheiro, pagando para ter experiências livres de propagandas. As pessoas se inscrevem no YouTube Premium por 12 dólares por mês, principalmente para obter uma experiência de visualização de vídeos sem propagandas, suave e ininterrupta, tanto online quanto offline. Da mesma forma, a Hulu possui um serviço premium sem anúncios, e também conta com uma audiência significativa.

Os consumidores estão indo em bandos para plataformas livres de anúncios, tais como Netflix, Amazon Prime e diversas outras menores. Para os consumidores, esse é o paraíso sem publicidade. Para mim, é a liberdade do inferno de ser interrompido e bombardeado por propagandas. Em meu próprio caso, houve diversos momentos em que uma propaganda interrompeu um clipe a que eu estava assistindo, e no meio da música! Como consumidor, odeio isso! Em muitas dessas ocasiões, fico tão frustrado que ou me distancio da plataforma, ou procuro por uma opção de assinatura paga para me livrar dos anúncios. Como qualquer ser humano normal, dei as boas-vindas para os *ad-blockers*, e não me importo em pagar para estar em um ambiente livre de propagandas, para manter esses marqueteiros desagradáveis afastados.

Esse realmente é o pesadelo de todos os profissionais de marketing. Eles necessitam reconhecer que o modelo publicitário tradicional precisa mudar, pois os consumidores estão votando agressivamente com suas carteiras, apressando-se em direção a ambientes livres de propagandas e ativando *ad-blockers* em uma escala gigantesca. Como poderíamos ignorar essa tendência e continuar pendurados nos métodos antigos e tradicionais de publicidade?

Sempre digo, para provocar meus colegas de equipe, que a publicidade está morta. Bem, ela não está inteiramente morta, mas o modo como a conhecemos hoje certamente a está levando para essa direção.

A solução do marketing quântico

Antes de qualquer coisa, busque novas maneiras de atrair e envolver os consumidores.

Um método muito efetivo é o bom e velho boca a boca. Os profissionais de marketing desejam que as pessoas falem sobre suas marcas e produtos. Não há nada de novo nisso. A publicidade boca a boca foi considerada uma das maneiras mais confiáveis, críveis e efetivas em divulgar a mensagem de um produto, serviço ou marca. Esse princípio fundamental continua se mantendo válido. De certo modo, é quase como "de volta para o futuro". Uma vez que os indivíduos contam com outras pessoas dispostas a ouvi-los em suas redes de contatos físicos e digitais, sua comunicação não é bloqueada. A ideia é se certificar de que as pessoas se transformem em porta-vozes, embaixadores, promotores ou defensores das marcas, de uma maneira não comercial.

O desafio-chave é: como fazer isso em larga escala e de modo econômico?

Eis que entra em cena o Marketing Experiencial Quântico (MEQ). O marketing experiencial, por si só, não é recente. Ele tem sido realizado de forma eficaz durante décadas. Com o MEQ, iremos criar e selecionar uma combinação de experiências físicas e digitais, acompanhadas de uma junção de táticas de comunicação tradicional, social e digital. Essa poderia ser uma maneira muito poderosa de desbloquear o potencial da diferenciação de marcas, do engajamento com os consumidores e da gestão de preferências.

A essa transição das estratégias tradicionais de marketing movidas por publicidade para estratégias experimentais de marketing, eu costumo chamar de "do *storytelling* para *o story making*" [da "contação de histórias" para a "criação de histórias"].

Nessa abordagem, em primeiro lugar, alcance os consumidores com muita influência, líderes de opinião ou *"prosumers"* (consumidor em potencial envolvido ou que fornece informações para o design e desenvolvimento de um produto). Agarre a atenção dele e cative sua imaginação com algumas experiências únicas. Tais experiências devem ser impecáveis, deixando uma impressão duradoura nos corações e mentes. Quando isso acontece, os consumidores apresentam uma grande propensão a contar a história de suas experiências a terceiros. E, tecida em meio a essa narrativa, de maneira sutil, crível e apropriada, está a informação de que essas experiências foram viabilizadas por uma marca. Em seguida, tente amplificar essa história.

A grande questão é: será que as pessoas falam sobre marcas para seus amigos, parentes ou a qualquer outra pessoa em suas redes de relacionamento? A resposta é um grande sim! Conversas, tanto positivas quanto negativas, acerca de uma marca não acontecem somente no mundo comercial, mas também nas correntes sociais do dia a dia das pessoas. Por exemplo, pesquisas mostraram que 92% dos usuários do Instagram seguem uma marca ou algo relacionado a marcas.[81] De fato, marcas podem ser feitas e desfeitas de uma noite para outra com base em uma única postagem influente!

Pesquisas também mostram que 74% das pessoas tomam suas decisões e assumem preferências sobre marcas com base na recomendação de pessoas de suas redes de relacionamento que têm experiência com determinada marca ou produto.[82] O boca a boca também pode acontecer com eficiência fora da rede de contatos das pessoas. Pense nos comentários de outros consumidores na Amazon e Walmart.com, ou nas avaliações de motoristas de Uber e Lyft. Sendo empregado e gerenciado de maneira efetiva, o MEQ pode ser um canal muito importante para a mobilização de preferências e compras para qualquer marca ou produto.

Os pontos-chave a serem mantidos em mente são:

1. As experiências precisam se destacar, não necessariamente em termos de luxo ou altos preços, mas em sua originalidade e criatividade. Elas precisam ser relevantes e atraentes para seus consumidores, a marca e a categoria.

2. Direcione essas experiências para os *prosumers*, influenciadores e formadores de opinião.

3. É extremamente essencial que esses consumidores contem com uma experiência impecável, ininterrupta e extraordinária, para deixar uma impressão duradoura e criar uma memória de longo prazo.

4. Por meio da experiência, a associação com marcas deveria ser feita de modo natural e voluntária. Os consumidores precisam ser capazes de criar uma forte conexão entre suas boas experiências e a marca que as viabilizou. A experiência, por maior que seja, sem a atribuição correta a uma marca, é inútil do ponto de vista do profissional de marketing.

5. Discretamente permita que os consumidores compartilhem suas experiências e histórias em seus próprios canais de comunicação. Tenha em mente que, se a experiência for pobre, eles irão falar sobre ela de maneira ainda mais agressiva. Portanto, volte ao ponto 3.

6. Amplifique essas histórias para garantir um alcance apropriado, através de canais tradicionais, digitais e sociais.

7. Certifique-se de que as experiências sejam escaláveis. Experiências de um-para-um, que poucas pessoas conseguem experienciar, são uma novidade interessante. É como criar uma obra de arte cara que apenas um punhado de pessoas poderá apreciar. E a ligação em cadeia acaba aqui. Inútil.

8. Certifique-se também de que as experiências oferecidas sejam economicamente viáveis e sustentáveis.

Os pontos 3, 7 e 8 são os mais difíceis de serem concluídos, mas são os fatores mais importantes para a obtenção de sucessos ou fracassos.

Airbnb, Lexus, *The Wall Street Journal* e diversas outras empresas já começaram a entrar no espaço experiencial, de maneira bem efetiva, criando e selecionando experiências com as quais os consumidores realmente se importam.

O Airbnb ofereceu uma experiência na qual os consumidores podem visitar o Louvre, após o momento em que o museu é fechado para o público, e ganham um tour sem pressa. Eles podem se sentar na frente da *Mona Lisa*, de Leonardo da Vinci, e fazer uma refeição.[83] Literalmente, fazer uma refeição com a *Mona Lisa*! Isso é muito legal! E, após a refeição, eles se direcionam para uma cama especialmente preparada dentro da pirâmide de vidro, que fica em frente ao prédio do museu, e ali podem passar a noite olhando as estrelas ou dormindo com privacidade. De modo geral, os consumidores, após a experiência, ficam de queixo completamente caído. Claro, toda sua experiência é fotografada, criando assim um registro duradouro. E o que você acha que essas pessoas pensam no caminho de volta para casa ou quando chegam? Será que conseguem esperar antes de se gabar do acontecimento? Será que conseguem evitar postar imagens e vídeos em seus *stories* online? E se alguém perguntasse como eles conseguiram essa experiência extraordinária, qual seria a resposta?

Essa é uma experiência formidável e muito relevante para o Airbnb. Negócio de fornecimento de acomodações para viajantes, o Airbnb utiliza experiências fantásticas para capturar a atenção dos consumidores e melhorar a opinião deles a respeito da marca, o que pode fornecer à empresa uma proeminência significativa no imaginário das pessoas e um diferencial robusto em relação aos seus competidores.

Outro exemplo é o da Mastercard, onde transformamos a campanha publicitária Priceless em uma plataforma experiencial, que se distanciou rapidamente da publicidade tradicional, criando e fazendo a curadoria de experiências que o dinheiro não pode comprar — mas que são disponíveis apenas por meio da Mastercard. A campanha torna a Priceless tangível. Todos os princípios delineados anteriormente têm sido diligentemente implementados. Ela já ajudou a marca da empresa e seus negócios comerciais? Pode apostar que sim! A marca cresceu, de esforço em esforço, para estar entre as dez maiores do mundo, saindo da posição 87ª apenas alguns anos atrás.[84] A Mastercard faz a curadoria de milhares de experiências ao redor do mundo; é um motor de marketing experiencial que está sempre ligado!

Algumas marcas podem visualizar com mais facilidade uma conexão direta entre a categoria em que operam e o que pode se assemelhar com experiências relevantes. Podem descobrir que fazer essa conexão é mais difícil para elas. É nesse exato momento que entra em cena a criatividade, e a marca que inovar e executar o MEQ impecavelmente encontrará a si mesma atrás de um "fosso" de vantagens difíceis de serem duplicadas.

Abordemos agora outra parte importante do mundo da publicidade — as agências. Elas estão passando por mudanças tectônicas conforme nos aproximamos do Quinto Paradigma. Algumas empresas estão internalizando todas as atividades dessas agências, ou parte delas. Firmas de consultoria como a Deloitte ou a Accenture entraram no que seria chamado de domínio das agências tradicionais. Elas estão devorando essas agências solitárias de modo a otimizar suas capacidades e estão oferecendo uma gama completa de serviços de "agências-mais-consultoria"; e também estão adicionando serviços de satisfação. Por outro lado, as agências publicitárias e empresas gestoras de agências estão se ramificando além de seus domínios tradicionais. Por exemplo, a McCann comprou a Acxiom, a gigante de dados. Conforme formos contemplando o futuro, a definição do que é uma agência publicitária e de quais serviços ela irá fornecer será bem diferente do que é hoje.

Atrelado a essa falta de nitidez das fronteiras, algumas das gigantes das redes sociais começaram a oferecer como um adicional serviços criativos para os profissionais de marketing. E a economia dos "bicos" está bombando — freelancers e *moonlighters*[85] estão oferecendo serviços criativos de alta qualidade aos profissionais de marketing. E, é claro, como discutimos no capítulo anterior, todo o ecossistema está mudando e se posicionando para uma grande transformação, ao passo que atividades criativas assistidas por IAs e novos modos de transmissão de mensagens (tais como RV, projeções holográficas e exposições virtuais) continuam a transformar os processos. As agências precisam reinventar seus modelos em meio a toda essa areia movediça.

Em outro nível, as cadeias de valores da publicidade serão perturbadas, com a eliminação de muitos intermediários por conta das blockchains. Na verdade, como resultado dessa abordagem, os retornos econômicos dos dólares da publicidade podem aumentar.

Por último, em um mundo pós-cookies, o rastreamento, direcionamento e redirecionamento de consumidores serão totalmente alterados. O surgimento de identidades digitais, de potenciais compensações aos consumidores por meio das receitas publicitárias, muito provavelmente irá acontecer.

Todo o ecossistema publicitário será tão diferente durante o Quinto Paradigma que não seria absurdo dizer que a publicidade, como a conhecemos hoje, está morrendo, se já não estiver morta.

Para resumir...

- A atenção dos consumidores é escassa. E está piorando a cada dia. Os profissionais de marketing precisam pensar em como irão envolver os consumidores por meio de rotas alternativas, como é o caso do Marketing Experiencial Quântico.

- Dados, inteligências artificiais e outras tecnologias transformarão o mundo da publicidade, desde a criação de propagandas, novas modalidades de envios de mensagens até a otimização de mídias, tudo será refeito de maneira dramática.

- Os profissionais de marketing serão bem-sucedidos quando complementarem seu lado criativo com conhecimentos tecnológicos.

- As agências precisarão reinventar seus modelos, de maneira ainda mais dramática.

- A cadeia publicitária de valores, com suas hordas de intermediários, será impactada por conta de tecnologias como a blockchain.

- Um mundo sem cookies é maravilhoso para a proteção da privacidade dos consumidores. Os profissionais de marketing precisam inventar maneiras alternativas de realizar o marketing com eficiência.

12

Não somos consumidores, somos pessoas

Desde a época em que pesquisas formais e informais começaram a orientar a publicidade, os profissionais de marketing estiveram profundamente focados em entender os consumidores, seus comportamentos de uso, atitudes, hábitos e histórico de compras. Seu principal objetivo sempre foi movimentar de maneira rápida e efetiva os consumidores através do funil tradicional de compras.

Os profissionais de marketing os estudaram com o objetivo de desenvolver insights com base nos quais poderiam agir. Queriam entender profundamente os consumidores por meio de sua demografia, psicografia e seus perfis comportamentais. Em seguida, poderiam agrupá-los em segmentos e classificá-los de maneira eficiente. Os profissionais de marketing estudariam as necessidades dos consumidores, as lacunas sobre como essas necessidades estavam sendo satisfeitas, além de pontos de dor e de paixão. Então criariam produtos ou soluções que abordariam diretamente essas dores e preencheriam os espaços vazios, satisfazendo, assim, as necessidades dos consumidores, tanto as expressas quanto as latentes.

Os profissionais de marketing modelariam os comportamentos de compra, bem como os de uso. Alguns dos primeiros modelos comportamentais de compra se assemelhavam ao modelo AIDAS: Atenção, Interesse, Desejo, Ação e Satisfação. De acordo com essa teoria, um cliente em potencial deveria se movimentar sequencialmente ao longo desses estágios. Primeiro, eles têm a sua atenção capturada pelo produto ou serviço, em seguida ficam interessados, para então desenvolver um desejo de comprá-lo. O objetivo é fazer com que os consumidores entrem em ação com base nesse desejo e comprem ou consumam o produto. E, uma vez que eles experienciam o produto ou serviço, espera-se que fiquem satisfeitos. Esse foi o método por meio do qual os consumidores foram estudados e seus comportamentos de compra foram mapeados com detalhes excruciantes.

É claro, desde essa época tudo virou de cabeça para baixo. Os produtos e serviços atingiram um nível de paridade na forma como atendem ou eliminam um ponto sensível. Portanto, os profissionais de marketing começaram a tentar encantar os consumidores no momento em que utilizam seus produtos ou serviços. Normalmente, eles projetavam a experiência com base no contexto de seus produtos ou categorias. Isso seria bom para Business as Usual (BAU) [negócios como sempre] e se a categoria do produto e os consumidores permanecessem estáticos. Contudo, existe uma sobreposição considerável entre diferentes categorias. Sob tal pressão, a abordagem compartimentalizada pode ser severamente ameaçada.

A Apple realmente entende isso. Ela foi uma das primeiras grandes empresas a se deslocar em direção a uma experiência centrada nos seres humanos, com o lançamento do iPod no começo deste milênio. Ele permitiu que os consumidores acessassem mil músicas a partir de seus bolsos sem esforço algum. Parabéns para a Apple; desde então, eles criaram produtos tão incríveis que os consumidores nem mesmo os antecipavam, eles nem sabiam que precisavam deles. Mas, ainda assim, acabaram se tornando totalmente dependentes deles. Um dos meus exemplos prediletos é o iPad. A interface do usuário é tão fantástica que até mesmo bebês podem utilizá-lo intuitivamente. E cidadãos seniores, que frequentemente encontram dificuldades para aprender novas tecnologias, foram capazes de pegar e utilizar um iPad sem nenhuma dificuldade.

Ainda me lembro de uma interação do tipo que tive com meu pai, quando ele estava com noventa anos. Um dia, ele estava encarando o controle remoto do aparelho de DVD, totalmente perplexo. Como estava entretido, perguntei a ele sobre o que estava pensando com tanta intensidade. Ele disse que o controle remoto tinha botões demais e que não tinha certeza sobre o que fazia cada um. Olhei o controle e descobri que eu também não sabia. Precisei desencavar e pacientemente ler o manual do usuário para aprender como usar o bendito controle remoto por completo. Em seguida, quando tentei ensinar ao meu pai, aquilo lhe entrou por um ouvido e saiu pelo outro. Compare esse momento com alguns anos depois, quando lhe dei um iPad. Foi necessário pouquíssimo tempo e esforço para que ele começasse a utilizá-lo com alegria. Ele ficou impressionado com o fato de que poderia obter e ler em seu aparelho qualquer livro, de qualquer lugar do mundo, instantaneamente. Estava muito mais que maravilhado.

Isso, para mim, é como CX e UX (experiência do usuário) deveriam ser. O que a Apple realizou tão bem não foi apenas satisfazer os desejos dos consumidores em uma categoria de produtos, mas sim entender as pessoas em sua totalidade. Esse entendimento levou a Apple a criar produtos que se destacaram em meio às categorias e tornaram a vida das pessoas mais fáceis e encantadoras. Essa é uma abordagem essencial no marketing quântico: não se estudam os consumidores e seus comportamentos, estudam-se e entendem-se as pessoas em sua totalidade. Como Stan Sthanunathan, vice-presidente Executivo da Unilever, me disse tão acertadamente:

> Categorias de produtos são meios para um fim; o verdadeiro jogo trata de satisfazer as necessidades das pessoas. Para isso, o que importa é entender suas vidas em sua totalidade. Se você deseja fazer aprimoramentos em seu produto, fique à vontade, vá em frente e faça todas as pesquisas que quiser com consumidores. Mas, se você está tentando quebrar barreiras, não analise pesquisas de consumidores, e sim faça pesquisas de pessoas em sua totalidade. Isso é o que irá lhe proporcionar ideias e conceitos inovadores!

Veremos mais sobre isso daqui a pouco.

Para qualquer indivíduo, o consumo não é nada mais do que uma fatia da vida. Imagine a vida de uma pessoa como uma pizza. Uma pequena fatia diz respeito ao consumo. O estudo desse consumo é, essencialmente, a pesquisa de consumo. Mas, no mundo real, o que acontece fora dessa fatia afeta o consumo com muito mais intensidade do que acontece dentro dela. Portanto, quando os profissionais de marketing focam na otimização da experiência do consumidor ou na preferência do consumidor por suas marcas, eles estão focando em incrementos e oportunidades mais escassos do comportamento do *consumidor*, em vez de conquistar novos territórios consideráveis ao focar no comportamento *humano*. Stan acertou na mosca. Precisamos reconhecer que o que acontece ao longo de toda a vida das pessoas afeta em enorme medida seus comportamentos de consumo. Os diversos aspectos da vida das pessoas estão extremamente aninhados entre si, são muitíssimo interconectados e, em grande medida, interdependentes.

Vamos analisar o exemplo do sabonete Dove. Esse produto possui o diferencial de conter um quarto de creme hidratante em sua fórmula. Caso a Unilever tivesse mantido uma pesquisa de consumo tradicional, eles estariam no meio de buscas intermináveis para aprimorar a superioridade de seu produto e comunicar isso de maneiras mais convincentes. Esses pontos não são sem importância, e são, de fato, uma parte essencial de seus Business as Usual. Contudo, quando analisaram a totalidade das esperanças, aspirações e ansiedades das pessoas, descobriram que as garotas se encontravam sob uma pressão intensa para se conformar com definições estereotipadas e inatingíveis de beleza, as quais estavam impactando sua autoestima e autoconfiança. Portanto, baseados nessa percepção, eles elevaram a marca ao definir uma maior ordem em seu propósito: "é tudo sobre a verdadeira beleza, em oposição a estereótipos". Ser bela é ser sua melhor versão, ser autêntica, única e real. Essa campanha deslanchou, e desde então a Dove tem experimentado crescimentos anuais em uma categoria extremamente competitiva.

Vamos analisar um cenário diferente. Suponha que uma empresa esteja procurando fazer o marketing de um produto de viagens. A tendência natural é observar o comportamento de viagem das pessoas e entender como, quando e por que viajam. Os profissionais de marketing estudam como as pessoas pesquisam por destinos, oportunidades de viagens, comparações de preços, acomodações e mais coisas do tipo. Baseados nessas informações, eles observam que os consumidores compram as ofertas mais adequadas às suas necessidades, orçamentos, datas e horários, por meio de uma agência de viagens ou diretamente com a companhia aérea. Uma quantidade desmedida de pesquisa é direcionada para entender esses comportamentos. Essa pesquisa é relevante? Sim. É suficiente? Definitivamente não. Permita-me explicar.

No passado, os pais de crianças pequenas, digamos que de dez a doze anos, tomavam a decisão de tirar férias. Em seguida, planejavam ir para a Walt Disney World e passar x dias no lugar durante o mês de maio, quando as escolas estivessem fechadas. Eles realizariam sua pesquisa e dariam cabo de todos os preparativos, reservariam as passagens, os hotéis, alugariam os carros, e por aí vai. Em seguida, informariam as crianças, as quais entrariam em êxtase.

Hoje, a realidade é diferente. Primeiro, as crianças se tornaram grandes participantes no processo de tomada de decisão. Sendo nativas digitais e muito mais inteligentes que seus pais eram com a mesma idade, elas mergulham no processo ao navegar na internet e assistir a vídeos. Elas são os gestores de pesquisa e desenvolvimento da família e descobrem opções, comparações e preferências. Dessa forma, elas emergiram para serem influenciadores-chave do processo de tomada de decisão familiar. O profissional de marketing quântico precisa entender as estruturas familiares e seus comportamentos dinâmicos. Dada a gigantesca quantidade de dados disponíveis, eles conseguem obter insights incríveis, que podem guiar suas estratégias de forma não convencional. Sinceridade, responsabilidade e pertinência são essenciais, conforme forem navegando através dessas dinâmicas de compra emergentes.

Ao longo da vida das pessoas, distintos indivíduos, lugares, eventos e ações influenciarão seus comportamentos de consumo. Existem influenciadores, guardiões, financiadores e tomadores de decisão em torno das pessoas, seja dentro do círculo familiar ou da rede de contatos mais abrangente. O profissional de marketing quântico precisa entender todos esses *players* e tentar influenciar apropriadamente as preferências deles. Isso não era possível no passado, e ainda não é muito fácil hoje, mas será algo muito factível e necessário no Quinto Paradigma. Haverá excesso de dados, as pessoas darão seu consentimento para que os utilizemos e análises movidas a inteligências artificiais fornecerão insights ao longo de todo o ciclo de vida do marketing.

De volta ao exemplo das viagens. Quando os profissionais de marketing entenderem a totalidade da vida de um indivíduo, sua campanha e abordagem de comunicação em geral poderão ser menos dependentes do destino ou de como alcançar esse lugar. O foco será transferido do produto ou serviço para o ato de melhorar a experiência do indivíduo ou da família, não apenas nessa viagem específica, mas na vida em geral.

Os profissionais de marketing quântico analisam toda a vida de seus consumidores e tentam entender como podem lhes agregar valor. Uma vez que adotem essa abordagem e encontrem alguns insights, eles podem, em seguida, analisar seus produtos ou serviços e determinar se possuem a oferta correta e se precisam criar uma nova ou modificar a atual. Eles devem se perguntar: "Será que conto com um produto com o qual posso atender a situação das pessoas de maneira crível, tangível e honesta e, portanto, criar uma oportunidade de negócio?". Sem delongas, podem promover esse produto ou serviço para os consumidores que estiverem nesse contexto de vida.

As pessoas estão pulando de marca em marca dentro de uma categoria, ou até mesmo através de diversas categorias, sobre as quais as pesquisas tradicionais provavelmente oferecem poucos insights de valor. Os profissionais de marketing estão em busca de respostas nos lugares errados. É extremamente importante que o produto desempenhe um papel muito maior do que satisfazer as necessidades de uma pessoa em determinada categoria. Na verdade, ele precisa estar conectado à vida geral do indivíduo. Atrevo-me a dizer até que o marketing de produto será extinto durante o próximo paradigma, a não ser que seja totalmente integrado ao marketing de vida!

Outra grande mudança no Quinto Paradigma

Historicamente, os profissionais de marketing tentavam entender os funis de compra e as mentalidades dos consumidores antes, durante e após a compra. Uma enorme mudança irá ocorrer no Quinto Paradigma. Os profissionais de marketing farão de tudo para que o processo de compra desapareça por completo. O que isso significa? Permita-me explicar.

Hoje, as empresas já estão tentando eliminar a necessidade de uma fila de caixa, como a Amazon fez com suas lojas Amazon Go. Uma pessoa pode simplesmente escolher os itens que quer das prateleiras, carregar o seu carrinho de compra e sair da loja. Não há necessidade de esperar em uma fila para pagar. Uma parte significativa do processo de compra foi eliminado. Parabéns para eles!

Nas compras online, possuir um cartão cadastrado tem sido um fenômeno há algum tempo. Você adiciona as credenciais de seu cartão e o endereço de envio uma única vez. Desse momento em diante, o pagamento será concluído com um clique. O processo de finalização de compra foi significativamente encurtado.

Veja outra parte do processo de compra que está sendo virada de cabeça para baixo. No comércio por voz, quando se pergunta à Alexa ou ao Google Home sobre algum produto, o que é recebido em troca é uma recomendação, explícita ou implícita, de uma marca ou produto. Setenta por cento ou mais das pessoas não pesquisam mais a fundo.[86] Elas simplesmente dizem "Comprar". Fim da compra! Os *smart speakers* estão eliminando a necessidade de as pessoas passarem pelo processo tedioso de pesquisar, comparar e decidir suas escolhas. Isso já é feito por elas, em nanossegundos. O aparelho aprende as preferências das pessoas no decorrer de cada interação, e entrega recomendações ainda mais cativantes a cada vez.

Eis outro tipo de impacto: serviços de assinaturas que enviam produtos. Os assinantes não precisam lembrar de passar por todo o processo de refazer seus pedidos caso suas escolhas permaneçam as mesmas. Essa abordagem explora a inércia deles, automatiza suas escolhas e força o seu consumo. Eu fiquei bem intrigado e impressionado pelo lançamento recente da Proctor & Gamble, de escovas de dente conectadas. Conectadas a um celular, elas avisam aos usuários como eles estão escovando seus dentes, quais partes estão sendo deixadas de lado e coisas do tipo. Com base nos hábitos de escovação dos usuários, quão improvável seria a P&G programar a escova de dente conectada para lembrar de reabastecer a pasta de dente, fio dental e enxaguante bucal conforme for necessário? Isso não é ficção científica; é bem provável que aconteça.

Outra grande disrupção do funil de compras são as encomendas automáticas feitas por meio de eletrodomésticos conectados. Por exemplo, a Samsung lançou uma geladeira *smart* que sabe o que e quanto seus donos consomem e faz o pedido desses itens em nome deles ao mercado, tirando-lhes das costas esse tédio "de grau inferior".

Com o processo de compras e ao funil de vendas tão fragmentados, os profissionais de marketing quântico precisam descobrir como lidar com as situações dos consumidores no contexto de sua vida. Aqui estão apresentados alguns componentes críticos de suas estratégias:

- **Reafirmação e motivação instantânea da marca.** Estas se tornarão cada vez mais cruciais nos processos automáticos de compra. Os papéis da construção, da reputação e relevância da marca, da imagem e patrimônio da marca, além de sua diferenciação, são extremamente importantes. Na verdade, nesse caso, trata-se de voltar às origens.

- **Entender as dinâmicas dos canais de compra.** Aproveite--os inteligentemente, em vez de permitir que marginalizem a marca. Para isso, é necessário um profundo conhecimento sobre tecnologias digitais emergentes (como a Internet das Coisas e *smart speakers*), algoritmos por trás dos mecanismos de recomendação de plataformas e aparelhos, controladores de preferências, metodologias de otimização de ofertas por meio de IAs e afins. Esses serão os novos impulsionadores do marketing de performance.

- **Entender os potenciais fossos de proteção ao redor de uma marca.** Nós precisamos dos fossos para continuarmos relevantes e com vantagens competitivas. Trata-se menos dos próprios produtos e mais dos sistemas circundantes, como embalagens, propriedade intelectual, gatilhos emocionais e por aí vai.

Uma das grandes coisas que diversos inovadores estão tentando fazer é automatizar todo o processo de compra e libertar os consumidores do fardo de pensar sobre um produto, aprender sobre ele, tomar uma decisão e comprar. De certa maneira, as pessoas estão sendo cortadas do processo de compra! O algoritmo ou a máquina retiram o estorvo do indivíduo e completam a compra. Que empolgante!

Os profissionais de marketing, indubitavelmente, precisam estudar e entender como as pessoas compram e consomem produtos e serviços. Mas isso não será adequado para o futuro. Tudo ao redor e sobre as pessoas está mudando, e tais mudanças irão direcionar seus comportamentos, processos e padrões de consumo. Muitas categorias de produtos serão eliminadas ou alteradas, tendo como base as mudanças tectônicas que estão acontecendo por todos os lados. Portanto, é crucial que os profissionais de marketing não ancorem suas estratégias, desde os insights até os ciclos de vida, apenas em pesquisas de consumo. Estudar as pessoas em sua totalidade e fazer o marketing direcionado a elas como pessoas, e não como consumidores; esse é o estilo do marketing quântico.

Para resumir...

- Para o indivíduo comum, o consumo não passa de uma fatia de sua vida. Quando os profissionais de marketing focam na otimização da experiência do consumidor ou em sua preferência, eles estão focando em incrementos e pequenas oportunidades do comportamento do *consumidor*, em vez de conquistar novos territórios consideráveis ao focar no comportamento *humano*.

- Um profissional de marketing quântico analisa a totalidade da vida de seus consumidores e tenta entender como pode agregar valor, sem ficar confinado à categoria já existente do produto. A partir disso, irá criar e promover esse produto, serviço ou pacote aos consumidores de maneira efetiva e no contexto apropriado de suas vidas.

- Entre muitos outros transtornos, os processos e funis de compras serão completamente alterados ao longo do Quinto Paradigma.

- Muitas atividades mundanas, entre as quais se incluem as compras rotineiras, estarão em piloto automático, de tal forma que as pessoas não estarão envolvidas nas tomadas de decisão de compra. Os profissionais de marketing precisam entender as implicações disso e encontrar modelos para essas situações.

13

Fazendo marketing para empresas e máquinas

Todo o campo do marketing B2B se encontra atrasado muitas gerações no que concerne ao acesso de emoções, incentivos, estéticas e outros aspectos "mais suaves" do marketing. Entretanto, em alguns processos e medidas ROI, o campo ultrapassou muito o marketing para consumidores. O marketing B2B tem se focado em comunicações técnicas, com menos dependência das sensibilidades humanas, se é que ainda depende delas. A dependência fica restrita aos dados e reivindicações sobre performance dentro dos elementos de comunicação, os quais, por natureza, tendem a ser menos interessantes e dificilmente são inspiradores.

A premissa do marketing B2B é de que as decisões das empresas são baseadas em especificações técnicas, processos lógicos, economia e garantias de desempenho. De alguma forma, a percepção universal — uma percepção errônea — é a de que as emoções desempenham um papel muito pequeno nesse espaço, e elas são vistas muitas vezes com algum nível de desdém.

Assim como a economia desempenha um papel essencial, a economia comportamental também tem papel enorme nesse espaço. O pensamento do Sistema 1 (veja Capítulo 8, "As ciências por trás do marketing") não desaparece quando a pessoa está em uma situação de trabalho. O Sistema 1 é o Sistema 1, independentemente de onde a pessoa se encontra e o que está fazendo. É crucial que os profissionais de marketing B2B apelem ao Sistema 1 para obter sucesso.

O que a maioria dos profissionais de marketing deixa passar é o fato incrivelmente óbvio que está diante de nós: negócios não funcionam por conta própria, eles funcionam por conta de pessoas muito reais. Essas pessoas, mesmo em um contexto empresarial, se comportam como seres humanos, da mesma forma que se comportam quando estão fora do cenário profissional. Quando estão fazendo marketing para uma pessoa, os profissionais da área estudam sua psicologia (aspirações, medos, inseguranças, pontos sensíveis e coisas do tipo). Por que razão eles, ao discutir um produto da área de negócios, subitamente mudariam sua comunicação para falar com essa pessoa em um tom "empresarial"? Eu chamo isso de síndrome do Dr. Jekyll e Mr. Hyde do marketing. Ao tentar fazer o marketing de um sabonete ou de um pacote de férias, os profissionais falam com os consumidores de determinada maneira, apelando a todas as suas faculdades, mas se tornam frios e começam a falar apenas para o lado racional do cérebro ao fazer o marketing de um produto de negócios. Os profissionais de marketing assumem um nível maior de formalidade e foco em coisas que são chatas, que não são inspiradoras nem interessantes. Essa é uma grande e falaciosa abordagem de muitos profissionais de marketing B2B.

Precisamos reconhecer que são as pessoas que movimentam as empresas, pelo menos por enquanto. E, quando pessoas tomam decisões de compras, por mais que pensemos que elas baseiam suas decisões apenas no raciocínio e na lógica, suas dinâmicas de tomada de decisão são exatamente iguais a quando tomam decisões em sua vida pessoal.

É claro, existem diferentes níveis de análise que se aprofundam no processo de tomada de decisão em ambos os contextos.

No B2B, os tomadores de decisões não estão suportando diretamente o fardo de tais escolhas; eles possuem equipes ajudando a avaliar os fatos mais minuciosamente, além de existirem parâmetros estabelecidos por suas respectivas empresas para a análise de qualquer produto ou serviço (a obtenção de três orçamentos, por exemplo). Tudo isso se refere às entradas de informação e ao contexto. A decisão final é alcançada exatamente da mesma forma que na vida pessoal; ela é influenciada por suas emoções, sentimentos e intuições. Por mais que os profissionais de marketing gostem de pensar o contrário, esses são os fatos e a realidade. Os profissionais de marketing B2B precisam perceber que as emoções possuem um papel claro e significativo no processo de tomada de decisão.

Os alvos do marketing B2B podem ser categorizados em cinco grandes categorias: grandes empresas, governos, organizações sem fins lucrativos, pequenas e médias empresas, startups. Cada categoria possui características comportamentais distintas entre si ao longo de uma série contínua da interação entre tomadas de decisão baseadas em regras e as emoções envolvidas (veja a Figura 9).

Figura 9

É necessário realizar um marketing exclusivo para cada uma dessas categorias, pois as regras e emoções de cada uma operam em diferentes níveis na influência de tomadas de decisão.

Quer seja marketing B2B ou marketing para consumidores, no final do dia tudo deveria se resumir em marketing P2P: pessoa-para-pessoa. Marketing de indivíduo-para-indivíduo, de humano-para-humano. No marketing quântico, é isso que os profissionais de marketing implementam. Eles humanizam os negócios, porque são seres humanos que comandam as empresas. De forma humana, eles fazem o marketing para seres humanos, os humanos que estão tomando as decisões de seus negócios.

Historicamente, quando os profissionais de marketing tentavam promover um produto ou serviço para outras empresas, eles precisavam se comportar como se fossem uma empresa fazendo o marketing para outra empresa.

As comunicações B2B precisam ser autênticas, e não formais. Os profissionais de marketing B2B precisam se superar na maneira como humanizam todas as suas apresentações. A abordagem, o estilo e as sensibilidades do marketing B2B convergirão com as do marketing para consumidores. Tudo se resumirá ao marketing P2P. Diana O'Brien, CMO global da Deloitte, diz: "Os profissionais de marketing B2B têm uma oportunidade sem precedentes de humanizar seus relacionamentos ao explorar as paixões inatas de seus clientes e aproveitar novos modelos de negócio que apoiem mais participações, colaborações e cocriações com eles".

Atualmente, as campanhas feitas para conscientizar e gerar *leads* para as empresas em geral são feitas por meio de canais comerciais, sejam sites ou publicações comerciais, conferências, exposições, outdoors locais (como outdoors de aeroportos, que são alavancados com muita efetividade pela Deloitte e pela Accenture), artigos técnicos e outras publicações de conteúdo, publicidade em canais de negócios e afins.

No marketing quântico, os profissionais não apenas humanizariam todo esse conteúdo, sem perder aquilo que seus clientes em potencial estão procurando, mas iriam sobrepor a ele diversos insights de valor de áreas como psicologia, neurologia, economia comportamental e ciências sensoriais. Por exemplo, para um produto comercial, eles fariam um projeto de UX tão rigoroso quanto se fosse para um produto para o consumidor comum. Eles criariam propagandas tão cativantes quanto possível, não apenas realçando os benefícios do produto, como também apelando para o lado emocional do pessoal envolvido nas tomadas de decisão. Eles empregariam o marketing de influenciadores, da mesma forma que fariam com produtos para consumidores. Eles empregariam o marketing multissensorial, da mesma forma que... Você entende aonde quero chegar.

O marketing de relacionamento com o consumidor (CRM, na sigla em inglês) está bem desenvolvido no Quarto Paradigma. Ao longo do Quinto Paradigma, ele vai atingir outro patamar, integrando dados em tempo real, oriundos das esferas comerciais e individuais, aproveitando segmentações baseadas em localização e personalizando comunicações. O CRM integrará plataformas de gestão de preferências de forma nativa e cativante.

A tecnologia também vai interpretar um enorme papel transformador. Por exemplo, a Covid-19 nos ensinou que precisamos e podemos trabalhar remotamente. E isso não foi de todo ruim. Reuniões virtuais — de um para um, de um para muitos ou de muitos para muitos — foram testadas, e descobriu-se que são bem funcionais. Essa tecnologia simplesmente continuará avançando, dado o enorme aumento em produtividade e em eficiência de custos que as conferências remotas por vídeo podem proporcionar. Agora que sentimos o gosto delas, precisamos nos perguntar como podemos levar essas capacidades para o marketing B2B. Por exemplo, será que nossos seminários e conferências não poderiam ser não somente virtuais, mas também imersivos, por meio de realidade virtual? Será que podemos ter exposições em RV? Podemos ter demonstrações virtuais, baseadas em RV, de produtos e que também aproveitem a realidade aumentada? Com a vinda do 5G e os avanços contínuos em diversas áreas relacionadas, isso não apenas será real, como logo se tornará a regra.

As inteligências artificiais já influenciaram fortemente o marketing B2B. Por exemplo, muitas empresas estão preenchendo suas respostas ao Request for Product Proposal (RFP) [pedido de proposta de produto] utilizando IAs. A IA analisa a RFP, entende as perguntas, examina as bases de dados internas, incluindo como a empresa respondeu a outras RFPs anteriormente. Com base nisso, a IA devolve respostas convincentes, as quais são tão boas quanto as feitas por uma legião de encarregados, quando não as superam. E ela faz isso em uma fração de segundo, de maneira mais precisa e com informações mais atualizadas.

Entregas por drones, impressões 3D e outras tecnologias mudarão as regras do jogo. Elas impactam os cronogramas por um lado, reduzem inventários por outro, e podem afetar materialmente os negócios dos consumidores.

Jogar jogos é visto pela maioria das pessoas como algo relacionado exclusivamente a crianças e nerds. Surpreendentemente, essa ação não é restrita a nenhum desses grupos. A gamificação — a utilização de elementos de jogos em outras áreas — é aplicável a todas as pessoas, independentemente de quão madura ou superior elas pensem ser, e também é aplicável ao espaço B2B. Já vi alguns protótipos brilhantes em diversas situações B2B. Por exemplo, presenciei uma demonstração em que um aplicativo de jogos indicava a um CEO, de maneira divertida, como alocar recursos. Na verdade, o jogo está atraindo a atenção do CEO para algumas das áreas de produto mais obscuras que o profissional de marketing está tentando vender, demonstrando-lhe o valor delas de maneira sutil, mas inconfundível. Estamos apenas começando a ver essa área se desenvolvendo, e sua implementação não deve estar distante. Ainda não está provado se essa será uma maneira dominante de engajar consumidores, mas é difícil ignorar que todas as pessoas possuem uma criança interior, um instinto para brincadeira e uma inclinação para se divertir. A gamificação explora essa mentalidade para comunicar, engajar e entregar objetivos de marketing em um formato não convencional.

Fazendo marketing para máquinas

No Quarto Paradigma, nós aprendemos como fazer marketing para máquinas. Quando uma máquina (na verdade, o algoritmo por trás dela) decide qual marca irá aparecer e onde ela se posiciona em uma busca online, é importante fazer o marketing, em primeiro lugar, para a máquina, a qual posiciona nossa marca diante dos consumidores. Os profissionais de marketing precisaram aprender como influenciá-la, ou seja, como posicionar melhor a marca aos olhos (na lógica) desse algoritmo. Estou me referindo à otimização de mecanismos de busca (SEO, na sigla em inglês) e ao marketing de mecanismos de busca (SEM, na sigla em inglês).

Graças às IAS, as máquinas estão se tornando mais sofisticadas, e os profissionais de marketing têm precisado descobrir como fazer marketing para elas. Em um sentido literal, é um conjunto de máquinas, de um lado, fazendo marketing para um conjunto de máquinas do outro lado. Essa é uma parte importante do processo de marketing, e pode desestruturar todos os outros esforços caso não seja feita corretamente.

Em outras palavras, os profissionais precisam se preparar para as novas realidades e repensar suas estratégias de marketing para máquinas, algoritmos e conteúdo. Por exemplo, quando um consumidor pergunta à Alexa por um produto, ela apresenta a marca com base em uma lógica que alguém programou em seu sistema. A não ser que os profissionais de marketing saibam como aparecer do jeito certo, a Alexa pode nem sequer mencionar sua marca, que dessa forma nunca entrará no rol de considerações de compra do consumidor. Esse é um prenúncio de morte. Como mencionado anteriormente, *smart speakers* estão proliferando; um grande número de pessoas está utilizando esses aparelhos para realizar suas compras. Setenta por cento do tempo, elas recorrem às recomendações da Alexa. Portanto, os profissionais de marketing não podem simplesmente ignorar esse novo e muito importante canal de marketing. Outra dimensão interessante será a maneira como os *smart speakers* e assistentes virtuais realizarão a transição para o contexto B2B.

Tudo isso será amplificado com o advento da Internet das Coisas, como é o caso das geladeiras inteligentes, o que potencialmente poderá influenciar as escolhas por marcas quando compras precisarem ser feitas. Para serem efetivos, os profissionais de marketing precisam descobrir como fazer marketing para essas máquinas.

Para resumir...

- O marketing para empresas não está tão evoluído quanto o marketing para consumidores. Os profissionais de marketing precisam perceber que as empresas são movidas por pessoas, as quais são seres emocionais e tomam decisões por si mesmas ou por suas empresas com uma dose saudável de emoção.

- O marketing de relacionamento com o consumidor atingirá um novo nível, aproveitando insights e tecnologias do mundo do marketing para consumidores.

- Novas tecnologias promoverão o marketing empresarial de maneira dramática — conferências virtuais, exposições virtuais, demonstrações imersivas de produtos com RV e RA, gamificação e afins —, o que abrirá novas dimensões, possibilidades, eficiência de custos e camadas de efetividade.

- Os profissionais de marketing precisam determinar como irão fazer o marketing para os novos intermediários do processo de compra; as máquinas e seus algoritmos. A Internet das Coisas e os *smart speakers* acentuarão essa necessidade.

- Os profissionais de marketing precisam construir os conhecimentos, capacidades e processos para se adaptar a esse novo ambiente do Quinto Paradigma e para estabelecer sua própria cartilha do marketing quântico para prosperar.

14

O poder das parcerias

Com o turbilhão de complexidades e dinâmicas ao redor do Quinto Paradigma, a maioria das iniciativas de marketing envolverá o acesso e a concatenação de entradas de dados advindas de múltiplas fontes, além da execução de estratégias por meio de diversos recursos e a existência de ativos de mais um grupo de recursos. Os profissionais de marketing não conseguem fazer tudo isso sozinhos. Em todos os aspectos e estágios do marketing, eles precisam de parcerias.

Parcerias internas

Claramente, o marketing não pode ser uma ilha dentro da organização. Os CMOS precisam mover a função do marketing para o mainstream de suas empresas, focando em levar adiante a marca, o negócio e sua vantagem competitiva. Isso exige que eles construam pontes fortes com todas as outras funções e departamentos da empresa. Embora isso possa parecer uma declaração extremamente óbvia, válida para todas as funções, a realidade é bem diferente para o marketing. Diferentemente de áreas como financeira, jurídica ou de TI, as quais CEOS e outros executivos de alto escalão costumam entender, o marketing é menos compreendido. Isso pode não ser verdade para empresas de bens de consumo embalados, as CPG,[87] mas é bem verdadeiro para a maioria dos setores, como já discutimos. Portanto, os defensores do marketing precisam se esforçar mais para que sua função passe a fazer parte do mainstream, e para construir parcerias internas sólidas em todos os setores, do financeiro ao jurídico, do TI ao RH. Em empresas menores, isso pode ser mais fácil de ser alcançado, já que existem menos pessoas envolvidas, e cada uma delas pode exercer mais de uma função. Independentemente disso, as parcerias internas são vitais para o sucesso e podem fortalecer ou destruir uma função. Vamos analisar cada área de parceria.

Tecnologia da informação
A tecnologia não é somente um viabilizador central e um impulsionador de marketing seguro: existe um nível crescente de confluências entre habilidades de marketing e capacidades de tecnologia. Dada essa premissa, é imperativo que haja uma parceria muito forte e próxima com o diretor de tecnologia da informação (CIO, na sigla em inglês). Sem essa cooperação indispensável, a função de marketing perderá o barco. Eu ousaria dizer que essa é a parceria interna mais importante, depois da com o CEO, para determinar o sucesso operacional da função do marketing.

CFO
Atualmente, não há desculpas para que não se obtenham do marketing medições de retorno sobre o investimento (ROI) mais robustas. Deveriam ser instituídas métricas e medições fortes o suficiente para fornecer aos diretores financeiros (CFOs) o que eles estão procurando. E mais, o marketing deveria possuir seu próprio CFO, que também se reportaria ao CFO

da empresa. Ambos fariam perguntas verdadeiramente difíceis em relação a todos os investimentos consideráveis (e, em geral, os investimentos no marketing são consideráveis). Portanto, é essencial que o CFO e o CMO (diretor de marketing) estabeleçam uma parceria forte, que estejam na mesma sintonia, e que naveguem juntos pelos altos e baixos dos ciclos de negócios.

Recursos Humanos

Uma vez que o campo do marketing continua em transformação, a gestão de talentos dos profissionais do marketing é extremamente importante. Um forte relacionamento com o CHRO[88] é essencial. Como as técnicas e capacidades de que o profissional de marketing quântico precisa são muito diferentes do que se conhecia até hoje, a aquisição e o desenvolvimento de talentos será primordial. Os CMOS precisam se certificar de que suas equipes estejam bem equipadas, treinadas, graduadas, remuneradas e recompensadas. Quando se trata de, digamos, rodízio de trabalhos entre os membros da equipe, particularmente fora do marketing, a parceria entre os dois departamentos será inestimável. O RH precisa estar em sintonia com a visão, estratégia e agenda do marketing.

Jurídico

Outra parceria interna estratégica é a com o conselho geral da empresa ou com o CLO, o diretor jurídico. Com uma quantidade significativa de proteções e regulamentações para os consumidores surgindo de maneira sem precedentes, os profissionais de marketing precisam não apenas entender o panorama jurídico como também conhecer quais são os limites e oportunidades dele. Também precisam de uma parceria próxima com seus colegas da área de política e regulamentação empresarial, para se certificar de que estes irão guiá-los, bem como para influenciar a formulação das próximas regulamentações do marketing, de uma forma que seja justa para os consumidores, mas que também seja pragmática para a operação dos profissionais de marketing, tanto em espírito quanto em palavras.

CEO

Por fim, os profissionais de marketing precisam contar com uma boa aliança com seu CEO. Isso é muito importante para que se certifiquem de que estão conduzindo a visão e agenda do marketing em total consonância e apoiando a visão do CEO para a empresa como um todo. É preciso haver uma adesão do alto escalão, ou a agenda do marketing pode desmoronar. Uma vez que muitos membros da diretoria executiva carecem do entendimento sobre o que o marketing faz ou pode fazer, o valor que traz ou pode trazer, é ainda mais essencial que o CEO esteja comprometido com a importância do marketing. Caso ele não acredite no marketing, isso será um enorme desafio para o profissional da área, que precisará investir tempo e esforço para se aproximar do CEO, a fim de mostrar a promessa inerente à função e provar seu impacto. Os profissionais de marketing precisam demonstrar o valor de sua função para prevenir que ela seja marginalizada. Caso, depois de tudo isso, as coisas não mudem, é melhor que esses profissionais analisem se querem gastar o resto de suas carreiras lutando ferozmente, tanto interna quanto externamente, para fazer o que é certo para aquela empresa. Ou simplesmente sair.

Stakeholders

Dependendo da estrutura geral de uma empresa, o marketing também precisa possuir parcerias com áreas tais como gestão de produtos (caso não seja incorporada ao marketing), relações públicas (caso ainda seja uma função isolada), vendas e serviços ao consumidor. O envolvimento dos consumidores com a empresa ou marca não começa nem termina com o marketing. Existem outros *stakeholders* que viabilizam ou entregam diferentes experiências ao consumidor e da percepção da marca. O marketing precisa ser conectado profundamente a eles para garantir que seus insights criados sejam distribuídos por todos os processos da organização. Todos os pontos de contato do consumidor com a empresa são oportunidades para aprimorar e reforçar a promessa e a experiência da marca. E todos que entram em contato com os consumidores, clientes ou clientes em potencial são embaixadores da marca. Os profissionais de marketing são defensores da marca, e não donos dela. Caso esses profissionais adotem essa mentalidade, serão capazes de reunir toda a empresa em nome da marca, como é o correto. Afinal de contas, a marca pertence a todos na empresa.

Parcerias com agências

As agências de publicidade continuarão a interpretar um papel central, independentemente do que esteja se transformando ao nosso redor. Por mais que os dados e tecnologias se tornem indispensáveis para uma comunicação efetiva e impactante, a criatividade será um enorme diferencial. Ela viabilizará conexões com corações e mentes das pessoas (clientes, consumidores e clientes em potencial). Pouquíssimas empresas possuirão recursos para construir capacidades internas em grande escala com talentos de ponta. Para o restante de nós, precisaremos de parcerias com agências. Isso inclui agências de pesquisa, mídia e relações públicas, embora eu enfatize as agências de criação. Parcerias com agências publicitárias são os maiores ativos de um profissional de marketing. Elas precisam entender por completo a visão, a estratégia, as prioridades e restrições existentes. Quando receberem todas essas informações, poderão apoiar os profissionais de marketing da maneira mais apropriada. Os profissionais de marketing precisam contar com a agência correta, com a atitude certa e com uma equipe extremamente criativa que esteja completamente em sintonia com eles ao longo de toda a jornada para o sucesso.

A parceria deve ser feita de modo que a agência seja respeitada, seu pessoal seja tratado como igual e todos sejam considerados responsáveis. As operações da agência também deveriam ser transparentes. Infelizmente, muitos profissionais de marketing veem os parceiros das agências como fornecedores, como aqueles que produzem trabalho apenas de projeto em projeto. A agência não é informada sobre visão e estratégia geral da empresa, portanto, é mais difícil dar o melhor de si. Por mais impopular que isso possa parecer em um ambiente implacável de cortes de custos, é necessário possuir um comprometimento de longo prazo de parcerias com agências. Precisamos investir no tipo de parceria que os profissionais de marketing querem construir com elas. Os parceiros das agências precisam não apenas entender o negócio, como também entender sua alma, e isso não se obtém apenas lendo algumas declarações de posicionamento de marca. Entender a alma da marca é algo empírico, evolucionário e muito profundo. Eu também advertiria os profissionais para que não transformem a seleção e manutenção de agências em um simples ato de compra. A aquisição e prospecção de fornecedores possui um papel de suporte muito importante na obtenção de melhores termos contratuais. Eu ficaria preocupado se os times de compra, no lugar da equipe de marketing, conduzissem a seleção de agências, que é um passo crucial em direção à excelência criativa.

Parcerias de inovação

A inovação, em conjunto com a criatividade, sempre conduzirá a uma vantagem competitiva significativa. Eu não descarto parcerias com grandes empresas, mas acredito que colaboração com foco em inovação são mais efetivas quando feitas com startups ou empresas que estejam em crescimento. Elas são inovadoras e impressionantes, com fome de crescimento e muito ágeis. É importante formar parcerias sólidas com tais empresas a fim de elevar a promessa e entrega de sua marca a outro nível. Durante minha carreira, descobri que a maioria das melhores ideias provém de pequenas empresas com fundadores brilhantes. Essas parcerias tendem a ser altamente simbióticas, e nelas os profissionais de marketing têm acesso às ideias corretas e às propriedades intelectuais, ao mesmo tempo que são capazes de fornecer uma plataforma fenomenal para as startups. Todos crescemos juntos.

E os profissionais de marketing precisam gerir as parcerias de inovação se certificando que estão retendo o capital intelectual e as boas práticas. As parcerias deveriam fornecer algum tipo de vantagem competitiva mesmo após o término do período de exclusividade.

Parcerias de tecnologia

Com o intuito de alavancar o poder da tecnologia, os profissionais de marketing precisam possuir seu próprio kit de ferramentas e recursos, ou possuir parcerias eficientes com fornecedores de tecnologia. Dado o ritmo atual das mudanças, pode ser mais prudente para as empresas não se manterem presas a sistemas herdados, mas serem capazes de combinar soluções versáteis e modulares por meio de empresas de tecnologia que desenvolvem, mantêm e atualizam suas plataformas. Dado que a maioria dos profissionais de marketing não é composta de especialistas em tecnologia, esses profissionais precisam fazer com que seus CIOS ou parceiros externos criem a solução correta para eles. Modularidade, versatilidade, interoperabilidade, escalabilidade e segurança são apenas alguns dos parâmetros-chave com os quais é possível parametrizar e avaliar as diversas soluções tecnológicas. E mais, para permanecer ágil, a interface tecnológica precisa ser simples. Os profissionais de marketing deveriam ser capazes de utilizá-la sem emitir constantemente pedidos para o setor de TI ou aos fornecedores.

Parcerias de mídia e paixão

Tradicionalmente, a mídia tem sido uma área central do marketing. A indústria da mídia será ainda mais impactada; portanto, ela procurará por parcerias de médio a longo prazo, novos modelos de negócios e novas estruturas de precificação. Para empresas que gastam quantias significativas com mídia, é essencial que seu pessoal de marketing permaneça bem atento aos desenvolvimentos desse ramo, que identifiquem as oportunidades para parcerias que vão além das trocas tradicionais de dinheiro por espaço, e que tentem entender as implicações do que está prestes a vir à tona em suas próprias estratégias de marketing e mídia.

Chamo as parceiras com esportes, música, setor gastronômico e afins como parcerias de paixão. Há baixa oferta de bons ativos de qualidade nessas paixões, o que conduz a preços crescentes. Por outro lado, novas categorias, como eSports e tours holográficos, desviarão parte da atenção do consumidor e, portanto, dos orçamentos do marketing. Como já tem sido um desafio se fazer notar em meio ao ruído, as parcerias podem ter um papel vital tanto para ganhar a atenção dos consumidores quanto para viabilizar o marketing experiencial.

Parcerias público-privadas (PPP)

Existem muitas áreas que historicamente têm sido de domínio exclusivo dos governos. Quando se trata de setores como cidades inteligentes, cuidados de saúde e educação comunitária, os governos não conseguem fazer tudo sozinhos. É nesse momento que as parcerias público-privadas desempenham um grande papel, trazendo a transformação para dentro das comunidades. Essas parcerias não precisam ser firmadas com instituições de caridade ou iniciativas sem fins lucrativos, elas podem buscar lucro, e as empresas podem construir modelos que proporcionarão retornos adequados aos seus investimentos, ao mesmo tempo que as iniciativas auxiliarão na prosperidade das comunidades. Normalmente, as PPPs unem uma entidade governamental, uma organização não governamental e uma empresa privada ou negociada em bolsa.

Não preciso nem olhar para fora da Mastercard para encontrar exemplos excelentes. Um deles é a City Possible, que ajuda grandes cidades ao redor do mundo a lidar com os desafios deu seu crescimento populacional. Por exemplo, em parceria com a Cubic, pesquisamos e instalamos um sistema de pagamentos completamente novo para o metrô de Londres. O benefício para os londrinos foi redução das filas enormes para acessar o metrô. E o arranjo também beneficia a Mastercard. É uma situação vantajosa para todas as partes.

Indústria e parcerias comerciais

As parcerias com indústria e organizações comerciais podem ser extremamente benéficas, não apenas para a empresa, mas, como o nome sugere, para toda a indústria. Repetidamente, as entidades da indústria assumem as agendas que são importantes para seus membros ou parceiros, e navegam através da formulação de políticas, do estabelecimento de padrões, da educação de *stakeholders* e por aí vai, o que nenhuma empresa isolada consegue fazer sozinha. Por mais óbvias que essas oportunidades possam parecer, é surpreendente quão pouco os profissionais de marketing estão envolvidos nos assuntos da indústria.

Quando tantas mudanças estão ocorrendo ao nosso redor, é importante possuir alguns padrões de interoperabilidade para o benefício de todos. Se todas as inovações e todos os desenvolvimentos em uma indústria estiverem atrelados aos seus próprios padrões, sendo inconsistentes e incompatíveis com outras partes do sistema, este se tornará uma bagunça total.

Por exemplo, veja as diferentes plataformas de redes sociais. Cada uma possui seus próprios padrões. Não existe interoperabilidade entre elas. Portanto, os profissionais de marketing não conseguem medir o retorno sobre seus investimentos entre essas plataformas de maneira consistente, para otimizar seus investimentos em campanhas futuras. Sendo assim, sob os auspícios da World Federation of Advertisers [Federação Mundial de Anunciantes] em colaboração com a Association of National Advertisers [Associação de Anunciantes Nacionais], diversas sociedades gestoras de agências, plataformas de redes sociais, além de um grande número de marcas, formaram a iniciativa Global Alliance for Responsible Media (GARM) [Aliança Global pela Mídia Responsável] para lidar com essas anomalias. Os profissionais de marketing deveriam devotar ativamente uma parte pequena, mas focada, de sua atenção e de seu tempo para esse tema e para as parcerias da indústria.

Parcerias com comunidades locais

Nosso mundo está se tornando verdadeiramente globalizado, e continuará a ser assim ao longo do próximo paradigma. Entretanto, as comunidades locais estão se tornando um foco importante e crescente para os consumidores (restaurantes locais, fabricação local, áreas vibrantes, grupos de apoio). O estabelecimento de parcerias com comunidades locais, para de fato fazer a diferença, com filiações a marcas e produtos sendo apresentadas de maneira transparente, será uma tendência significativa: macrocosmo e o microcosmo dançando em harmonia. O envolvimento das marcas, em primeiro lugar, com as comunidades sempre será uma prova de amor para as pessoas desses locais, e a marca irá desfrutar de uma predisposição mais positiva dos moradores. A pandemia de Covid-19 mostrou o poder desses esforços. Veja exemplos como as Live Donations do Instagram, que tiraram vantagem de um pico de 70% no tráfego da marca, para ajudar as comunidades afetadas pelo vírus.[89] Diversos estudos sobre o assunto o tornam um tópico de leitura interessante, mas, acima de tudo, são instrutivos para estratégias futuras do marketing.

Trabalhadores de meio período, por contrato e freelancers

Outra área importante em rápida evolução é a economia de trabalhadores por contrato ou freelance. Normalmente, quando uma empresa contrata pessoas, assume que a maioria delas irá trabalhar com ela por alguns anos. A empresa fornece treinamentos e incentivos de longo prazo na esperança de reter os melhores talentos. Mas, devido ao ritmo das mudanças e à forte tendência das próximas gerações ao trabalho freelance, é extremamente importante que os profissionais de marketing façam anotações e analisem como a forma de trabalho será diferente no futuro. Como a estrutura da função de marketing acomodará os trabalhadores freelancers? Como acontecerão os processos de trabalho? Será de forma ininterrupta? Como poderão ser divididos os papéis entre diversos trabalhadores de meio período? Como preservar a confidencialidade dos trabalhos? Em hotéis, as equipes do saguão trabalham em turnos. Existe alguma oportunidade ou vantagem em fazer os profissionais de marketing trabalharem em algum projeto em turnos? Como garantir a excelência criativa e de execução? Os trabalhadores freelancers ou de meio período chegaram para ficar. Nesse contexto, os profissionais de marketing precisam repensar seus modelos organizacionais e de pessoas, e fazer o melhor a partir disso.

Para resumir...

O marketing não será o mesmo no Quinto Paradigma. Existirão novas capacidades, infraestrutura, oportunidades e tecnologias poderosas. Existirão uma disponibilidade rica e esmagadora de dados, a habilidade e oportunidade de realizar um marketing em tempo real, no sentido mais genuíno do termo, e metodologias de medição para o fornecimento de ROIs precisos. As culturas de trabalho serão diferentes, e as parcerias se tornarão um ingrediente crucial para o progresso e o sucesso. Haverá a presença de riscos novos e substanciais, com os quais será necessário lidar. Todos esses pontos exigirão uma reformulação de como a função do marketing funcionará no amanhã. Os profissionais de marketing precisam estabelecer um mecanismo muito bem orquestrado, que funcione de maneira brilhante e suave e traga consigo o marketing quântico em um passe de mágica. E as parcerias serão vitais para alimentar tudo isso.

15

O propósito como imperativo

Movido por um propósito. É a frase de efeito de *coaches*, pastores da TV e consultores corporativos. É o assunto central entre círculos corporativos e midiáticos. A ideia básica: as empresas não apenas precisam fazer o bem para seus acionistas e funcionários; também precisam fazê-lo para a sociedade em geral. Infelizmente, o nível atual do politicamente correto obscurece avaliações sérias a respeito de propósitos, se "ser movido por um propósito" é realmente melhor para o desempenho das empresas.

Diversos estudos tentaram demonstrar que as organizações que contam com um propósito explícito, que as guiam, se saem melhor do que as que não o possuem. Um deles diz que as empresas movidas por propósitos têm um desempenho melhor no mercado por uma margem de 42%.[90] Eu avaliei pessoalmente alguns desses estudos. A direção parece ser a correta, embora as ligações causais (uma coisa causando a outra), em oposição às correlações (duas coisas acontecendo ao mesmo tempo, mas sem que uma cause a outra), sejam menos evidentes e incontestáveis. E não é possível afirmar que empresas sem propósitos explícitos não se saem tão bem.

Propósitos são vistos como algo que todas as empresas deveriam possuir e subscrever em seus relatórios anuais. Como escreveu Robert Quinn, professor na Kellogg School, na *Harvard Business Review* em 2018: "Quando uma empresa anuncia seus propósitos e valores, mas essas palavras não governam os comportamentos da liderança sênior, elas soam como promessas ocas. Todo mundo reconhece a hipocrisia, e os funcionários se tornam mais cínicos. O processo é prejudicial".[91] Os jornalistas estão corretos em fazer as perguntas difíceis sobre essa falta de autenticidade, essa "lavagem de propósito", e estão desafiando a própria existência dele. Nós temos uma responsabilidade coletiva de descobrir a verdade.

Empresas distintas focam em áreas distintas, sustentabilidade e proteção ambiental, bem-estar animal, diversidade e inclusão, luta contra a fome e a pobreza, igualdade entre gêneros, entre outras causas. Mas muitos ficam confusos entre o que é um propósito e o que é o marketing de causa. Muitos veem ambos como sendo intercambiáveis, quando na verdade são duas coisas diferentes. Vamos começar com a definição de propósito e distingui-la de uma causa, sendo esta última a área na qual a maioria dos profissionais de marketing centram suas atividades.

Propósito é a razão fundamental pela qual uma empresa existe. É a Estrela Polar, um princípio guia, um valor central de uma empresa. Não estamos falando sobre a empresa ser íntegra; isso é algo completamente diferente. A empresa existe por razões além da maximização dos retornos de seus acionistas, além da maximização da satisfação de seus funcionários e clientes, do chamado Business as Usual (BAU) [negócios como sempre].

Por sua vez, o marketing de *causa* diz respeito mais a um conjunto específico de iniciativas, campanhas ou atividades que promovem o bem para a sociedade. Uma empresa pode executar uma série de causas sem possuir um propósito firme, apenas com uma filosofia genérica dizendo que quer fazer o bem.

Propósito é uma Estrela Polar, e o marketing de causa é o mapa. Ambos precisam andar juntos. Propósito é o motivo pelo qual uma empresa existe e o que a está guiando, enquanto o marketing de causa são as iniciativas específicas que promovem o bem para a sociedade.

Quando o marketing de causa for realizado apenas ao identificar ações que beneficiem a sociedade, sem estar conectado à narrativa geral e à missão de negócios da empresa, ele não passará de uma série isolada de boas atividades a qual falta propósito. Portanto, é muito importante que os profissionais de marketing identifiquem as causas que emanam do propósito da empresa e se direcionem a ele.

Será que o propósito é realmente necessário ou é apenas politicamente correto? Uma marca não busca um propósito somente para fazer a empresa se sair melhor ou para maximizar o valor de acionistas. Uma empresa deveria buscar propósitos por dois motivos maiores.

1. Propósito é uma filosofia. Se os profissionais de marketing estão em posição em que podem fazer o bem para a sociedade, por que *não* deveriam fazê-lo? É um valor fundamental. Será que desejam ser apenas egoístas ou querem fazer o bem para a sociedade em geral, pois é algo importante a ser feito e eles podem fazê-lo?

2. Um propósito constrói confiança. Hoje, como discutiremos no capítulo sobre ética, existe um enorme déficit de confiança, o qual piora a cada dia. Os clientes se sentem explorados e enganados por toda parte. As empresas que têm um propósito bem articulado e que o apoiam de maneira sincera por meio de iniciativas apropriadas de marketing de causa, empresas que contam a sua história de maneira honesta e com uma mensagem autêntica, que seja coerente, persuasivo, atraente e convincente, estas irão se destacar aos olhos dos consumidores.

Quando olho para o futuro, "ser movido por um propósito" claramente será um enorme diferencial para as empresas. Em um mundo de explorações e enganações reais ou percebidas, as percepções dos consumidores acerca de empresas movidas por propósitos e que aparentem estar genuinamente fazendo o bem serão extremamente positivas.

Existem diferentes modelos que as empresas utilizam para perseguir seu propósito. Muitas empresas possuem e investem em suas fundações, e continuam a realizar seus bons trabalhos. Esse é um bom começo, e com isso as empresas também ganham algumas vantagens tributárias. Em vez de pagar impostos, elas podem muito bem investir em sua fundação e receber algum crédito da sociedade em prol do bom trabalho que estão realizando para a comunidade. Essa é uma abordagem possível.

Também há o modelo de responsabilidade social corporativa, ou CSR [sigla em inglês para *corporate social responsibility*]. Iniciativas CSR podem ser conduzidas por uma fundação ou adjuntas à própria empresa. O enfoque aqui é que todas as corporações possuem uma responsabilidade social, e elas precisam entregar resultados a respeito dessa responsabilidade, além de precisar medi-los e anotá-los em seus relatórios anuais.

Normalmente, o financiamento é discricionário e pontual. Em um bom ano, haverá mais investimento nas fundações e iniciativas CSR. Em outros anos, nem tanto, o que leva a uma inconsistência no comprometimento.

Para empresas movidas por propósitos, construir um ímpeto contínuo e manter a consistência é elemento-chave. Sob uma perspectiva da marca, a não ser que o propósito seja constantemente perseguido ou que se lute em nome de uma causa, os consumidores não associarão a empresa a essa causa nem perceberão que ela é movida por um propósito. É muito importante se lembrar disso.

E mais, quando as atividades das fundações e iniciativas CSR se tornam um tipo de espetáculo secundário, apenas um pequeno grupo de pessoas estará focado nelas. O restante da empresa continuará dando atenção ao Business as Usual. Com apenas uma parte pequena e limitada da empresa focando em propósitos e causas, e não a organização como um todo, as empresas perdem uma oportunidade enorme.

Os propósitos são de fato trazidos à vida quando estão completamente mesclados com o cerne do modelo de negócios da empresa. A declaração do propósito da Mastercard é: "Conectando todos com possibilidades que não têm preço". Essa filosofia está infundida na organização, e as causas que ela mantém são tecidas entre suas promoções e campanhas de marketing, no centro do negócio. Quando isso acontece, o impacto realizado passa a um nível completamente diferente. Vou apresentar alguns exemplos.

A Mastercard quis aumentar a conscientização a respeito do câncer e ajudar a encontrar curas; para tanto, começou fechando uma parceria com o grupo Stand Up To Cancer. Criamos um programa em que, a cada vez que um cliente pagasse sua conta com Mastercard em qualquer restaurante durante o período promocional, a empresa destinaria uma pequena parte desse dinheiro para a Stand Up To Cancer. Em seguida, o grupo utilizaria esse dinheiro para criar o que chamam de times dos sonhos de extraordinários médicos pesquisadores, provenientes de todo o mundo, que trabalhariam em conjunto para descobrir curas para o câncer. A beleza desse modelo é que ele se torna uma atividade sustentável: a cada vez que a Mastercard anuncia essa promoção, sua participação

entre os pagamentos com cartão de crédito em restaurantes aumenta, e as receitas maiores criadas por conta disso
financiam as pesquisas de novos fármacos. Isso faz com que
o modelo seja sustentável, mesclando o marketing de causa
com as atividades centrais de negócios, conduzidas por um
propósito maior.

Eis alguns outros exemplos:

- A Microsoft está realizando um trabalho brilhante na criação
  de ferramentas de acessibilidade para pessoas com deficiência. Isso não é apenas uma atividade de caridade; na verdade, é
  parte central de seu negócio e de como a empresa constrói seus
  produtos. Crianças britânicas com deficiência projetaram con-
  troles de jogos. Trabalhadores com deficiência projetaram embalagens de acessórios de jogos. E as tecnologias da Microsoft
  ajudaram pacientes com ELA[92] a falar utilizando seus olhos.

- A SAP contrata programadores jovens adultos com autismo.
  A empresa percebeu que pessoas com autismo são programadores muito bons, e por isso estão alterando seus processos de
  contratação para ajudar esses jovens adultos a fazer a transição
  para o ambiente de trabalho. Os resultados são extraordinários.
  Ela fechou uma parceria com a Integrate Employment Advisors
  a fim de agregar de maneira sistemática funcionários que estejam no espectro autista.

- A Patagonia é outro exemplo excelente de empresa que incor-
  pora seu propósito em suas práticas de negócios. Sua missão
  diz: "Estamos nos negócios para salvar nosso planeta natal". A
  empresa doa 1% de suas vendas a organizações ambientais po-
  pulares. Ela despende muito tempo e esforço defendendo cau-

sas ambientais, inclusive conta com pessoal completamente equipado para o ativismo ambiental.

Existe outro ângulo interessante para se analisar a busca por propósito, chamado filantropia de dados, em que empresas privadas contribuem com seus dados para o bem público. Esses dados poderiam ser utilizados por ONGs, pelo meio acadêmico ou por governos, a fim de identificar, analisar e solucionar problemas que afetam comunidades. Aqui vai um exemplo: o projeto open source do LinkedIn, chamado Economic Graph, é uma representação digital da economia global, baseado em mais de 600 milhões de membros, 50 mil competências, 20 milhões de empresas, 15 milhões de vagas de empregos e 60 mil escolas. Através do mapeamento de cada membro, empresa, carreira e escola, o projeto pode identificar tendências como a migração de talentos, taxas de contratação e habilidades em alta demanda por região. Esses insights conectam as pessoas às oportunidades econômicas e fornecem às ONGS e governos uma chance melhor de conectar as pessoas com as oportunidades.[93] Mesmo que o LinkedIn já tenha interrompido a iniciativa, o propósito de fornecer esse exemplo é demonstrar o conceito e possíveis aplicações da filantropia de dados.

Oitenta e três por cento das pessoas ao redor do mundo acreditam que as marcas possuem o poder de tornar o planeta um lugar melhor; 87% delas dizem que as marcas devem defender o que acreditam; 84% acreditam que os negócios têm a responsabilidade de fomentar mudanças sociais; e 64% dizem que irão comprar ou boicotar uma marca com base em seu posicionamento a respeito de uma questão social ou política.[94]

Ser movido por um propósito conecta o marketing de causa com os resultados dos negócios. Propósito não é algo fofo, nem deveria ser feito por conta do politicamente correto ou de relatórios anuais. As empresas precisam ter um propósito porque é a coisa certa a ser feita, porque os consumidores estão dispostos a gastar com marcas movidas por um propósito e dar a elas um voto de confiança, porque as gerações mais novas desejam trabalhar somente em organizações movidas dessa maneira. Essas pessoas estão dispostas até mesmo a receber pagamentos menores para trabalhar em uma empresa que acreditem que faça o bem para a sociedade e que tenha um propósito; portanto, isso é uma enorme vantagem competitiva para atrair e reter os melhores talentos.[95]

Para resumir...

- O comprometimento com um propósito precisa vir do topo da organização, do CEO. Os profissionais de marketing deveriam ajudar a moldar esse propósito, confeccioná-lo e fornecer uma narrativa envolvente.

- Incorpore o propósito ao modelo central do negócio; não o torne um espetáculo secundário.

- Identifique um conjunto seleto de iniciativas de marketing de causa que se encaixem com o propósito da empresa.

- Não persiga as moedas brilhantes: a consistência é essencial para fazer uma diferença real.

- O comprometimento de longo prazo é muito importante.

- Os profissionais de marketing precisam contar a história do propósito da empresa de maneira autêntica, e não com um enfoque em publicidade ou vendas. Senão, isso será visto apenas como um elemento de autopromoção.

- Os funcionários precisam abraçar o propósito da empresa e se mobilizar em torno das iniciativas de marketing de causa.

- Não crie um nome de marca para cada iniciativa do marketing de causa. Se fizer isso, nada será associado à marca em geral. Isso somente diluiria o impacto e o valor da marca.

- Garanta que sejam estabelecidas as parcerias corretas. Encontre parceiros que possuam reputações excelentes e feche parcerias efetivas e duradouras com eles.

- Certifique-se de que exista sinergia entre a fundação, as iniciativas CSR e as iniciativas do marketing de causa da empresa.

16

Ética e karma da marca

Recentemente, alguém me encaminhou um link de um *stand--up* de George Carlin a respeito do mundo da publicidade e do marketing. Ele brincou sobre os "truques" que os profissionais de marketing e publicidade têm na manga, literalmente dezenas deles. "Sempre que for exposto a publicidade neste país", disse ele, "você irá perceber que a principal indústria continua sendo: manufatura, distribuição, embalagem e marketing de porcarias".

É engraçado, mas, infelizmente, também reflete a percepção do público sobre o marketing, como algo que carece de ética e consciência.

O comportamento ético não é apenas um requisito fundamental de qualquer sociedade civilizada; deveria ser também o guia para a vida de todo indivíduo e para a vida profissional de todo profissional de marketing. A falta de comportamentos éticos pode e vai erodir a confiança dos consumidores. É chocante o dado de que apenas 34% dos consumidores confiam nas marcas que compram.[96] Dito de outra forma, dois terços dos consumidores não confiam nas marcas que compram. Portanto, eu diria que temos uma grande lacuna a preencher. As empresas que fazem da ética sua principal prioridade apresentam desempenho melhor do que as que não o fazem.[97] Um estudo da Capgemini diz que "ao focar nos valores que interessam para o consumidor, as empresas de CP (*consumer products*)[98] vão, naturalmente, aumentar o valor de suas empresas. Por meio do marketing emotivo, os consumidores descobrem-se tendendo a escolher um produto em detrimento de outro".[99] Assim como no caso do propósito, pode existir ou não uma correlação estreita com causalidades aqui, mas isso não seria um aspecto que todos os profissionais de marketing deveriam seguir?

Infelizmente, o marketing é visto por boa parcela da população como um tipo de vigarice. E existe uma boa razão para isso. Em grande parte, isso é culpa da própria comunidade de marketing, das práticas que ela tem seguido ao longo das décadas.

Vamos observar algumas delas, as quais irei analisar como um consumidor especialista.

Minha esposa compra alguns cremes hidratantes caros. O design da embalagem é muito bonito, altamente funcional e extremamente apelativo. Mas também enganoso. O pote de vidro até parece ter um bom tamanho, mas, do lado de dentro, o fundo é muito mais alto do que o lado de fora. Em outras palavras, visto do lado de fora, o pote parece conter muito mais do que sua capacidade real. Seria essa uma prática justa ou enganadora? Minha esposa ama o produto, mas odeia a marca e a empresa. Eu perguntei a opinião de alguns amigos dela, e eles responderam, "Essas empresas acham que somos burros. Depois de descobrirmos que o fundo é alto e que a capacidade real é muito menor, nos sentimos decepcionados. E odiamos a empresa por nos ter passado a perna. E, se encontrarmos uma alternativa melhor, mudaremos em um piscar de olhos". Para eles, essa é uma marca desonesta, de uma empresa desonesta.

Também existe o problema das alegações falsas. Foi descoberto que muitos suplementos alimentares não possuem os ingredientes que afirmam ter. Da mesma forma, possuem ingredientes que não são saudáveis e que não são divulgados. Esse é um exemplo de má rotulagem intencional, independentemente de haver ou não leis locais que permitam que essas empresas se safem.

Permita-me mostrar outro exemplo. Eu viajo com frequência entre Cincinnati, minha cidade natal, e Nova York. Quando vou reservar passagens aéreas, fico horrorizado ao ver que na maior parte do tempo o preço da passagem entre essas duas cidades é maior do que entre Nova York e Los Angeles, embora a distância entre essas duas seja mais de duas vezes e meia a distância entre Nova York e minha cidade natal. Da mesma forma, muitas vezes descubro que o preço das passagens entre Nova York e Cincinnati é mais alto que entre Nova York e Londres, Nova York e Paris, ou Nova York e Roma. Pois bem, não estamos dizendo que as passagens aéreas transcontinentais estão baratas. Estamos falando sobre a superprecificação das passagens para Cincinnati. Podem existir razões extremamente legítimas para esse tipo de estrutura maluca de precificação, mas, para os consumidores, isso parece injusto e antiético.

O que está acontecendo? Sites como Skiplagged surgiram para mostrar alguns buracos nos algoritmos das companhias aéreas. Se você só possuir bagagem de mão, é possível reservar passagens para Chicago ou Los Angeles a partir de Nova York em voos com escala em Cincinnati. Você simplesmente desembarca do avião em Cincinnati. Que tipo de sistema precisamos inventar? Será que precisamos de aplicativos para vencer as companhias aéreas em seu próprio jogo? Esse é o tipo certo de mistura primordial, na qual alterações causadas por necessidades extremas irão surgir e alterar o status quo.

Veja todo o conceito de reembolsos por correio. O modelo de negócio dos reembolsos por correio foi construído com base no fato de que os consumidores obedecem à lei da inércia e têm pouca memória. Portanto, eles nunca, ou raramente, irão reivindicar o desconto ou reembolso. Todo o programa foi projetado para funcionar dessa forma. Sabendo muito bem que os consumidores não enviarão seus cupons de reembolso por correio, entre esquecimentos, extravios dos benditos cupons ou por pura inércia, será que as empresas estão sendo inteligentes ou simplesmente exploradoras?

E o que dizer sobre declarações descaradamente falsas, ou declarações que sejam legalmente sustentáveis, mas na essência totalmente mentirosas? Seria correto iludir os consumidores apenas porque você consegue encontrar uma brecha legal? Por exemplo, um amigo meu, que é obcecado por comer apenas comida natural e orgânica, visitou uma loja do gênero e comprou um iogurte natural orgânico. Eu peguei o iogurte de sua mão e comecei a ler os ingredientes: amido alimentar, gelatina, carmim (corante alimentício), pectina... Eu fiquei impressionado, e ele, horrorizado! Ele ficou profundamente desapontado por, ao ler o rótulo proclamando ser natural e orgânico, notar que havia algo mais do que somente iogurte.

Onde fica a fronteira entre ser um praticante de negócios inteligente e ser um vigarista? A integridade e a ética não deveriam estar no cerne de nossas práticas? Será que não podemos ser bem-sucedidos sem empregar táticas exploradoras, enganadoras ou ilusórias?

Ética dos dados

Já falei bastante neste livro a respeito do conceito de confiança. E falei muito sobre dados. Há uma interseção importante entre os dois. O fato de o marketing quântico depender de um uso agressivo de dados não significa que sua coleta e utilização sejam irresponsáveis ou exploradoras. Confiança, dados e ética podem morar juntos no mesmo endereço. Como uma indústria, precisamos rever nossas prioridades acerca dos dados, principalmente sobre seu uso ético.

Ética de dados diz respeito a ser responsável, transparente, e a uma utilização justa dessas informações, com um sentimento forte de responsabilidade. A Federação Mundial de Anunciantes resumiu a ética de dados de maneira brilhante em uma declaração sucinta: "Não deveria existir uma lacuna entre o que podemos fazer com os dados e o que deveríamos fazer com os dados".[100]

Em uma conversa, Stephan Loerke, CEO da Federação, me disse:

> A ética dos dados se tornou um desafio deslocador de paradigmas, e que pode ser solucionado apenas quando os profissionais de marketing operarem uma mudança mental, passando de "dados em primeiro lugar" para "pessoas em primeiro lugar". Isso exigirá que todos no ecossistema de marketing, das marcas às tecnologias de propaganda, das agências aos veículos de publicação, se unam em prol de um futuro sustentável, fundamentado em fazer o que é certo para o consumidor.

Insinuação da ética e karma da marca

A ética e a integridade transcendem o marketing. Elas se infiltram em todos os aspectos de nossa vida, e de maneira assustadora. Por exemplo, quando mando revisar meu carro, a oficina me retorna uma lista de reparos e peças de que o veículo precisa, embora ele não seja tão velho e tenha baixa quilometragem. Não sou especialista na área, de forma que não posso rechaçar o pedido, só posso fazer algumas perguntas de senso comum, para as quais eles já possuem respostas técnicas prontas. Eu permito, relutante, que sigam em frente, e pago docilmente. Mas fico com um sentimento de que minha ignorância está sendo explorada. Na verdade, ao que parece, essa experiência é tão comum que agora existe um produto chamado FIXD, o qual, quando conectado a um carro, em tese mostra exatamente o que há de errado com ele, de modo que o consumidor saiba se o seu mecânico está lhe passando a perna. O vídeo no site do FIXD, no momento em que escrevo este livro, é intitulado "Nunca mais seja enganado por mecânicos".[101] Portanto, estão sendo lançados produtos que protegem você de ser enganado por marcas, empresas ou entidades comerciais.

Eu poderia continuar por um bom tempo dando exemplos de práticas de que os consumidores não gostam, práticas que fazem com que se sintam como se as marcas os estivessem enganando, iludindo ou explorando.

Isso é ainda mais exacerbado por conta de *fake news*, dramas políticos, veículos de mídia tendenciosos e funcionários corruptos do governo. Não é de se surpreender que exista um enorme déficit de confiança em toda a nossa volta.

Como profissionais de marketing, nosso ganha-pão depende dos consumidores. Então por que os enganamos?

Saiba de uma coisa: se os consumidores sentem que estão sendo lesados, as empresas e os profissionais de marketing estão fazendo algo errado. Corrija o modelo ou corrija a percepção, ou alguém de fora vai se aproximar e causar um transtorno de grande magnitude a sua empresa.

Agora, para variar um pouco, vamos deixar os consumidores de lado. O que ocorre dentro de nossa própria indústria? O relatório *K2 Inteligence* de 2016, comissionado pela Association of National Advertisers (ana), levantou alegações significativas sobre agências receberem propinas de veículos de publicação de mídia.[102] O relatório recebeu muitos comentários mordazes, mas, no momento em que conversamos, o Departamento de Justiça dos Estados Unidos está investigando essas alegações, e de maneira bem agressiva, como deveriam.

Atualmente, a sociedade está repleta de desconfiança. Quando canais de mídia rivais põem as mãos em um pedaço de informação, o mesmo pedaço de informação podem ter interpretações, comentários e conclusões diametralmente diferentes, deixando os consumidores completamente perdidos sobre em que devem acreditar.

Quando inteligências artificiais começarem a se manifestar em grande escala em todos os lugares, isso agravará ainda mais a situação, ao trazer fotos falsas, vídeos falsos, vozes falsas, tudo falso. Por exemplo, já existem em circulação vídeos criados por ias de pessoas jorrando palavras positivas sobre seus rivais políticos. ias criam fotos de pessoas e contextos de maneira tão realista que é impossível perceber que não são reais. O conceito de evidências reais, sobre as quais dependemos em nosso sistema judiciário, será jogado pela janela. Isso também vai ocorrer com vozes. Elas podem ser replicadas com muita facilidade (tom, dicção, sotaque e modulação).

O que faremos nesse caos quântico?

Primeiro, os profissionais de marketing quântico devem perceber que a confiança será uma enorme vantagem competitiva. Eles precisam focar em construir de forma cuidadosa e consistente a confiança em suas marcas. E precisam eliminar as coisas que as erodem. A relevância e importância das marcas na vida das pessoas está em declínio. Contra esse panorama, a marca digna de confiança se destacará por um longo período. Portanto, está na mão dos profissionais de marketing construir essa confiança.

Deveríamos seguir práticas objetivas em espírito, palavras e ações. Práticas enganadoras, seja na publicidade, na precificação ou em embalagens, serão captadas pelos consumidores a um quilômetro de distância. E, quando isso acontecer, será que eles se comprometerão com essas marcas? Os consumidores sempre encontrarão alternativas, mesmo se você pensar que uma empresa possui um monopólio.

Nossas propagandas precisam ser autênticas e verdadeiras. Não perca oportunidades de fazer propaganda e se conectar, mas não lidere com oportunismo. Uma marca de bebida teve sua reputação manchada quando abordou, de maneira oportunista, a pauta de problemas sociais. Quando uma marca é vista como não sendo autêntica, aparentando estar simplesmente tirando vantagem de uma questão social, não existirá vantagem para ela. Uma percepção negativa sobre a marca provavelmente precisará de dez percepções positivas antes de ser esquecida ou perdoada. Por que se meter nesse tipo de situação?

Os consumidores apreciam a verdade. Seja ousado e verdadeiro na comunicação de seu produto. Sem deturpações. Não use palavras miúdas como sua estratégia principal.

Como profissionais de marketing, temos muito poder para influenciar e modelar culturas. E para construir os modelos corretos de referência. Podemos moldar as percepções e a direção da sociedade. Esse poder incrível vem com a responsabilidade de fazer o que é certo para a sociedade. A caridade começa em casa. Um profissional de marketing precisa, em primeiro lugar, ser ético em suas próprias práticas antes de aconselhar outros sobre como fazer algo eticamente.

Os profissionais de marketing também deveriam ser capazes de analisar todos os seus parceiros e lhes cobrar responsabilidades. Sejam agências, veículos de publicação ou outros colaboradores e fornecedores, eles devem se certificar de que suas práticas são éticas. Por exemplo, patrocínios esportivos são um negócio global de 46 bilhões de dólares,[103] mas, ao longo do tempo, diversos esportes ao redor do mundo foram assolados por corrupção e comportamentos escandalosos por parte de jogadores. De fato, a Interpol já viu tantos casos de corrupção em esportes que publicou uma nota sobre como identificar e lidar com eles.[104] Como profissionais de marketing, deveríamos manter essas organizações na rédea curta, pois, ao final do mês, são os nossos dólares de marketing que, em grande medida, financiam os esportes.

Precisamos ser transparentes. Não deveríamos depender de práticas ruins, como deixar iscas e depois mudar de lado. Não deveríamos afogar os consumidores em termos e condições que sabemos que eles não irão ler e que ainda assim os forçamos a aceitar, coisa que farão por pura impotência ou tédio. Devemos analisar cada contato e interação com o consumidor como uma oportunidade não apenas de vender ou influenciar suas preferências, mas de gerar confiança.

Como um profissional de marketing quântico, seja antes de tudo um consumidor e um ser humano decente. Não faça a ele o que não gostaria que fizessem com você. Trate-o da forma que gostaria de ser tratado.

Respeite a privacidade dos consumidores. Uma marca não tem o direito de bisbilhotar e, sem a permissão explícita, vender seus dados. Eu sou um grande proponente da simplificação das leis de privacidade. Apoio as leis federais dos Estados Unidos e as GDPR da Europa, mas nada supera a autorregulação e o fato de possuir uma estrela guia da ética.

Os profissionais de marketing precisam ser donos da marca e manter as promessas que ela faz. Precisamos entregar nossos produtos por meio de uma experiência encantadora para o consumidor. Temos de fornecer produtos configurados corretamente e cobrar o valor justo. E precisamos nos certificar de não haver enganação, mentiras, traições ou explorações.

Isso é ingênuo? Absolutamente não. O Quinto Paradigma será um mundo diferente. O que funcionava antes não funcionará mais. As expectativas e parâmetros serão totalmente diferentes. Os profissionais de marketing precisam estar à altura desses níveis. Por exemplo, se há algo de negativo sobre o seu produto, é melhor declarar isso de imediato. Se não o fizer, alguém o fará nas redes sociais, e o resultado será uma tempestade de reclamações. Eu já vi o desenvolvimento de alguns produtos baseados em web que analisam diversas declarações de produtos, resumem as inverdades e *trolam* as marcas com fatos. Não chegamos a ver nem o início disso ainda.

A ética deveria ser contagiosa. É extremamente crucial que os profissionais de marketing incentivem o espírito da ética e integridade em seus próprios times. Eles precisam se certificar de que as coisas sejam inclusivas. Devem se certificar de existir um equilíbrio entre os gêneros. Precisam abraçar e permitir a diversidade.

Vamos revisitar o exemplo dos esportes. Uma grande disparidade persiste entre o apoio a esportes femininos e masculinos. Se uma marca for uma patrocinadora, ela deveria insistir tanto na inclusão quanto no equilíbrio entre os gêneros. É interessante notar quanto desequilíbrio de gênero ainda existe em todos os setores, mesmo diante do fato de que 75% de todas as decisões de compra serem feitas por mulheres, em todas as categorias, desde cuidados de saúde a pagamentos.

Assim como acontece em todos os ramos de nossa vida, fazer coisas ruins pode levar a vantagens positivas imediatas ou no curto prazo. Mas no longo prazo, sem dúvida, a vida nos cobra. É isso que eu chamo de karma da marca. Abrace a abordagem ética e opere com integridade, e o time e a marca florescerão, devagar e sempre. E isso fará toda a diferença durante o Quinto Paradigma.

17

O marketing em crise

A pandemia acordou e sacudiu todos as pessoas de negócios e profissionais de marketing ao redor do globo. Nas últimas décadas, ninguém testemunhou o caos que a Covid-19 nos trouxe. Houve uma parada brusca no mundo todo, levando a uma situação na qual foram desativadas não somente algumas empresas, mas indústrias inteiras.

Centenas de milhares de pessoas morreram. Milhões foram demitidos. E outros milhões, afastados. Um grande número de empresas decretou falência, e centenas de milhares de pequenos negócios, se não milhões, fecharam permanentemente. As receitas das empresas foram severamente impactadas. Sem nenhuma surpresa, o orçamento do marketing foi encurtado na mesma medida, quando não totalmente eliminado, em todos os setores.

O preço do petróleo chegou a níveis negativos. As pessoas ficaram em quarentena em casa. O distanciamento social e o trabalho remoto tornaram-se a norma. A vida das pessoas foi perturbada em um nível inimaginável até mesmo pelos escritores mais surrealistas.

Se pedissem para criar uma crise em grande escala, com prejuízos e impactos sem precedentes, você não conseguiria superar a "crise do coronavírus". E, se for um estudante de gestão de crises, não poderia ter sonhado com um problema melhor sobre o qual estudar, com todos os aspectos do ecossistema do mundo sendo impactados. De certa forma, não existe um professor melhor para se preparar para o futuro do que a crise do coronavírus e suas lições.

As pessoas foram obrigadas a alterar seus estilos de vida durante o período de enclausuramento, e essas mudanças terão um profundo impacto. Algumas dessas mudanças permanecerão com as pessoas, como novos comportamentos. Os consumidores podem não voltar a todos os cenários pré-crise. Por exemplo, as compras online tornaram-se um novo hábito de muitas pessoas que nunca haviam feito compras pela internet antes. As pessoas foram literalmente forçadas a testar novos caminhos (compras online, streaming de vídeos), novos produtos (álcool em gel), novas maneiras de interação social (grupos no Zoom), novas formas de trabalhar (remotamente), novo foco na saúde e bem-estar (yoga, meditação, comidas saudáveis e suplementos), novas interpretações do que é luxo (ser e fazer, em vez de possuir), entre outras coisas. Tudo isso deixa uma marca permanente em como as pessoas viverão suas vidas no futuro. E, é claro, o marketing precisa se ajustar a essas novas normas. Esta é mais uma manifestação das enormes mudanças e transformações que caracterizam o Quinto Paradigma, assim como o marketing quântico. A Covid-19 não tem precedentes, e não havia uma cartilha a ser seguida.

Muitos especialistas dizem que essa não será a última pandemia. Dizem que ela ou algo semelhante pode chegar até nós novamente, em ondas. Se esses eventos terão a mesma escala dessa pandemia recente, ainda é uma incógnita. Mas não há dúvidas de que crises continuarão a acontecer. Seja uma crise de saúde pública, econômica, de cibersegurança, política, humanitária, por conta de desastres naturais; crises podem acontecer em diversos formatos. É essencial que os profissionais de marketing estejam preparados para enfrentar o que quer que seja jogado em sua direção. Se as crises se tornarem parte integrante da vida, a gestão de crises também precisará ser incluída no nosso cotidiano. Seja a próxima crise grande ou pequena, os profissionais de marketing precisam manter um estado de prontidão. *Quando*, e não *se*, a crise se materializar, eles deverão estar prontos para apertar seus botões e mudar suas estratégias, planos e táticas para conter quaisquer danos. Portanto, eles precisam reposicionar adequadamente e proteger sua marca e seu negócio contra o mal.

Eis alguns pontos nos quais se focar.

Gestão de riscos

Como já comentei, o marketing precisa lidar com uma série de riscos. Historicamente, em geral os profissionais de marketing tratam como maiores riscos alguma repercussão negativa de uma campanha mal estruturada ou um desastre de RP. E lidam com eles conforme e quando acontecem. Mas, uma vez que o marketing se torne altamente habilitado por tecnologias e dados, surgirão novos tipos de riscos, com os quais será necessário lidar de maneira apropriada. Existem os riscos de reputação, financeiros, de propriedade intelectual, de *compliance*, jurídicos, de privacidade do consumidor, entre tantos outros, cada um dos quais pode crescer a ponto de tirar uma empresa do mercado.

É absolutamente imperativo que os profissionais de marketing comecem a ser responsáveis pela gestão de riscos. Isso pode ser uma solução estrutural, como contar com um profissional de gestão de riscos dentro do departamento de marketing ou o apoiando integralmente por fora.

A maior parte das empresas de médio e grande porte possui uma matriz de riscos, ou um mapa de calor de riscos, contemplando toda a empresa e que é apresentado para a gestão. Essas organizações contam com um processo pelo qual identificam todos os problemas aos quais podem estar sujeitas, a probabilidade de acontecerem, o provável impacto se de fato vierem a acontecer, e por aí vai. Visualmente, a matriz distribui todos os riscos e foca nos mais importantes. E, em geral, contam com planos de ação para mitigar ou responder a eles.

Os profissionais de marketing precisam estruturar mapas de riscos, e os planos de gerenciamento de crise sempre devem estar atualizados e mantidos em prontidão. Se um desastre de fato acontecer, o time de gestão deverá saber exatamente quem faz o quê e quando.

A Figura 10 é o modelo de um mapa de calor de riscos. Nele, os diferentes riscos são plotados com base na probabilidade de se materializar e nos impactos caso de fato aconteçam.

Os riscos no canto superior direito são os que podem levar à falência. Logo, os profissionais de marketing precisam vigiá-los como falcões. No entanto, os riscos são dinâmicos, por isso os profissionais de marketing precisam reavaliá-los regularmente, em conjunto com todos os seus parceiros, e determinar se a posição do risco no mapa se alterou. A ideia não é produzir um mapa colorido por diversão, mas apresentar todos os perigos em um lugar centralizado. Isso auxiliará todos os envolvidos a entender os perfis dos riscos, priorizar quais serão enfrentados e preparar com antecedência planos para evitar, mitigar ou conter as ameaças. Para cada um deles, os profissionais de marketing precisam criar, de um lado, um plano de mitigação, mais proativo, e, de outro, um plano de contenção, que é a forma pela qual os danos são minimizados. Esses planos incluiriam identificar as pessoas na equipe responsáveis por manter um olhar atento aos riscos, os indicadores-chave que precisam ser monitorados para saber se eles se materializaram ou estão se materializando, as táticas de contenção etc.

MODELO DE MAPA DE CALOR DE RISCOS

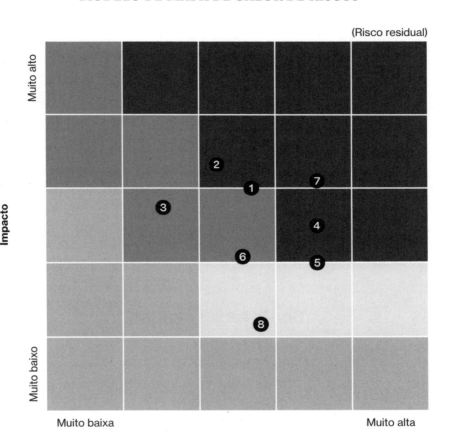

Risco
1. Orçamentário/Financeiro
2. Interrupção de canais
3. Terceirizados/Parceiros/Práticas de negócio
4. Crise de reputação
5. Renovação de parcerias
6. Jurídico, ética empresarial e *compliance*
7. Ciberataque/Vazamento de dados
8. Retenção de talentos-chave

Figura 10

O propósito durante uma crise

Nos tempos bons, é fácil expor a natureza de uma organização como sendo movida por um propósito, é fácil para os CEOS proferirem discursos eloquentes sobre como suas empresas são comprometidas com as indicações da Estrela Polar. Entretanto, quando chega uma crise, o propósito às vezes não é perseguido e a empresa pode se distrair.

Na realidade, o propósito deveria ser a Estrela Polar, e esta não muda de posição. Ela indica a direção quando você está perdido. Independentemente de enchentes, furacões ou queimadas, metaforicamente (ou mesmo de maneira literal), o propósito se mantém inabalável. Contudo, o que de fato muda é como o profissional de marketing age em relação a ele, utilizando, do conjunto de diferentes táticas e estratégias, a mais apropriada para cada situação. É preciso continuar e seguir em frente, não importando se os tempos são bons ou ruins.

Servir *versus* vender

Há o momento de vender e há o momento de servir. Em tempos normais, um profissional de marketing deveria querer exercer sua função de maneira agressiva, contínua e apropriada para vender os produtos e serviços de sua empresa a clientes e consumidores. Mas em uma crise não é momento para vender. Durante uma crise, é o momento de servir.

Uma crise certamente não é o momento de correr em busca de metas de vendas. Se uma marca se mantiver unida com as pessoas e servi-las durante seus períodos difíceis e turbulentos, quando a maré virar e os bons tempos retornarem, elas continuarão com a marca.

Crises certamente não são os momentos certos para alguém ser oportunista. É durante esses períodos que se constrói ou destrói a confiança. Se uma marca aparentar ser egoísta, oportunista ou, pior, exploradora, essa confiança é quebrada. Servir os clientes durante uma fase crítica edifica uma confiança duradoura. E isso realmente "não tem preço".

Não seja explorador

Os profissionais de marketing não deveriam explorar seus clientes e consumidores em hipótese nenhuma. Durante uma crise, pode haver a queda de venda de alguns produtos, ou as pessoas podem precisar muito desses itens. Pode existir a possibilidade de aumentar os preços e enganar consumidores. Eles ainda assim irão comprar, pois podem não ter outra escolha. Mas se lembrarão disso. E, quando os bons tempos voltarem, ou quando a marca precisar deles, eles lhe apontarão o caminho da porta de saída.

Eu experimentei isso, como um consumidor, durante a pandemia de coronavírus de 2020. Como estava em *lockdown* e trabalhando de casa, quis comprar um apoio para o meu tablet. Custava 61 dólares. Até aí, tudo bem. Mas eu caí da cadeira quando apareceu o preço do frete, 211 dólares! Em tempos normais, eles dariam frete grátis para pedidos acima de 25 dólares. Da mesma forma, pedi alguns frascos de álcool em gel, que eu poderia comprar se pagasse oito vezes o seu preço normal! Isso é exploração e manipulação de preços, pura e simplesmente. Será que visitarei de novo aquele vendedor online?

A confiança é um enorme fator a ser construído e cultivado. Táticas de curto prazo que sejam tolas, injustas e exploradoras nunca servirão bem a uma marca.

Comunicação durante crises

Durante crises, os times de RP ou comunicação terão um papel absolutamente crucial. Nada é mais importante do que fazer com que todos os *stakeholders*, tanto internos quanto externos, saibam exatamente o que está acontecendo, o que a marca está fazendo a respeito do problema e por que deveriam se sentir confiantes de que ela está fazendo as coisas certas para controlar a situação o máximo possível. Isso é extremamente importante.

Tudo começa com as comunicações internas, por intermédio das quais todos são mantidos informados, não apenas o CEO e o comitê de gestão, mas toda a empresa. Isso vai ajudar as pessoas a evitar o pânico, os achismos e o alarmismo por conta de rumores. Todas as pessoas precisam de todos os fatos relevantes, e todos deveriam estar falando a mesma língua. Os funcionários de uma empresa são seus melhores defensores em uma situação normal, e isso é ainda mais verdadeiro durante uma crise.

Para os *stakeholders* externos, é preciso mapear uma estratégia clara, é preciso haver uma divulgação proativa, e as informações apropriadas precisam ser compartilhadas. Os influenciadores convocados devem defender a marca. Esse é o marketing dos influenciadores que têm um olhar diferente.

Já vi muitas vezes especialistas em comunicação evitarem uma guerra em redes sociais. Eles sentem, e com razão, que, quando uma marca faz malabarismos para se defender e esclarecer, ela apenas agrava a situação e prolonga o ciclo midiático. Portanto, sugerem que é melhor se manter de lado e esperar que as redes sociais persigam a próxima bola da vez, e que a empresa fique fora do radar.

Com frequência, porém, uma abordagem melhor seria a empresa se impor e esclarecer de maneira vigorosa, em vez de correr e se esconder. Uma marca precisa ser assertiva. Se a empresa errou, precisa assumir os erros, pedir desculpas e informar aos consumidores o que está tentando fazer para corrigir a situação. Se a empresa permanecer em silêncio, as audiências das redes sociais se tornarão júri e juiz. Se a empresa não cometeu um erro, deve esclarecer a situação. É uma abordagem inteligente partir para a ação, entrar na conversa e se certificar de que as pessoas ouçam o lado da empresa na história. É importante, durante tempos normais, construir uma defesa para a marca, de modo que esses defensores venham ao resgate dela durante as crises.

Orçamentos de marketing durante crises

Uma crise muito provavelmente afetará o orçamento do marketing. Quando a sociedade está em um turbilhão, o consumo é afetado e as receitas caem. Quando as receitas caem, é natural que as despesas sejam cortadas. Em geral, o marketing é uma das maiores linhas de despesa, de forma que não é surpresa que CEOS e CFOS busquem cortar o orçamento da área. É importante que os profissionais de marketing não se sintam vítimas, mas que vejam o panorama maior e não tentem acumular dinheiro. Quando falo sobre como é preciso construir a confiança entre o CFO e o marketing, refiro-me a ocasiões como essas, em que o profissional de marketing deveria se levantar e demonstrar maturidade, por um lado, e mostrar empatia pela situação da empresa, por outro; e fazer pela marca o que é certo.

Durante uma crise, os profissionais de marketing deveriam incentivar a ordem e focar: o que priorizar e o que tirar de prioridade. Não é possível realizar todas as boas atividades que se quer fazer durante os bons tempos quando não há dinheiro suficiente durante os maus períodos.

Não desapareça

Ao mesmo tempo que pode ser necessário cortar a verba do marketing durante uma crise, é importante não desaparecer. É em tempos de crise que uma marca precisa se afirmar e permanecer visível em um nível apropriado.

É vital ser extremamente sensível ao consumidor ou ao seu sentimento, e não ficar surdo aos problemas. Como as pessoas mais experientes dizem: mesmo que diga as coisas certas, é importante também dizê-las da maneira correta. Obviamente, precisamos da estratégia de comunicação correta, da narrativa certa, do tom adequado e, mais importante, do timing certo. Se algum desses falhar, será pintada uma imagem muito diferente da que planejamos mostrar. Pode soar como uma sentença de morte se uma marca for percebida como insincera ou que só pensa no próprio umbigo.

Deixo algumas palavras de aviso sobre o humor. Os profissionais de marketing precisam ser muito cuidadosos ao empregar o humor durante uma crise. O humor, se usado da maneira correta, pode funcionar na maioria das vezes, mas a probabilidade

é menor quando as pessoas estão enfrentando alguma dificuldade. Ele pode ser confundido com zombaria ou insensibilidade.

Outro aviso: o mar das mesmices. Como foi testemunha-
do durante a crise da Covid-19, quase todas as marcas tinham
exatamente o mesmo conjunto de temas e mensagens sinistras
(agradecendo aos trabalhadores da saúde, por exemplo). Existe
o perigo de uma marca se perder caso embarque no mesmo
vagão que todas as outras. Todos se tornam uma massa indis-
tinguível, sem qualquer destaque para suas respectivas marcas.

Permaneça próximo de seu pessoal

Os profissionais de marketing são incapazes de se comunicar
demais com seus times e parceiros de agência durante uma crise. É essencial que todos saibam que seus gestores e a gestão
da empresa estarão lá por eles; os membros das equipes e as
agências precisam enxergar a gestão como algo visível e aces-
sível. A administração é um esporte de contato, de modo que é
importante que os gestores mantenham comunicação frequen-
te com os colaboradores. Os gestores e a gestão em geral são
respeitados quando são verdadeiros e transparentes. A gestão
não deveria entrar em pânico. Ela deve encorajar todo mundo a
dar feedbacks e, é claro, a ser receptivo quando os receber.

Manuais

Existem, espalhados por aí, diversos manuais de gestão de crise,
a partir dos quais um profissional de marketing pode construir
o seu próprio. Em combinação com o mapa de calor de riscos,

os planos detalhados de mitigação e contenção de riscos deveriam ser preparados com antecedência. As equipes precisam ser bem treinadas, inclusive com situações de "sala de guerra".

A velocidade e escala do Quinto Paradigma inevitavelmente acarretará uma boa quantidade de crises. Espere por elas e esteja pronto para lidar com todas.

Para resumir...

- Crises certamente virão em nossa direção. Não importa se a próxima será grande ou pequena: os profissionais de marketing sempre precisam se manter de prontidão. Quando, e não se, a crise se materializar, eles devem estar prontos para mudar suas estratégias, planos e táticas para conter qualquer dano.

- É imperativo focar na administração de riscos dentro do marketing, criando e atualizando mapas de calor de risco, planos de gestão de crises e treinamentos de administração de crise para os membros das equipes.

- Durante uma crise, não é o momento de perseguir metas de vendas. É dito que são nas horas difíceis que se conhece os verdadeiros amigos, o que significa que, se uma marca continuar ao lado das pessoas e servi-las durante os tempos duros e difíceis, quando a maré virar e os bons tempos retornarem, elas se manterão com a marca.

- Comunicações internas são essenciais para a administração de crises. Os funcionários de uma empresa são seus melhores defensores durante tempos normais, e mais ainda durante uma turbulência.

- Ao mesmo tempo que pode ser necessário reduzir o orçamento do marketing durante uma crise, também é importante que ele não desapareça. Na verdade, é nesse momento que uma marca precisa se afirmar e permanecer apropriadamente visível.

18

O CMO quântico

Começo este capítulo com uma boa dose de esperança e otimismo. Ao mesmo tempo que propus que o marketing se encontra em crise existencial, também tenho toda a confiança de que está pronto para renascer. Isso acontece porque o marketing pode ser um acelerador poderoso do ímpeto do negócio e uma vantagem competitiva significativa para a empresa. Em outras palavras, o marketing pode ser um verdadeiro multiplicador de forças.

É importante que os profissionais da área demonstrem aos CEOS e outros líderes seniores o que o marketing pode fornecer, o valor que pode desbloquear para as organizações. É preciso apresentar a incrível vantagem competitiva que pode trazer para as empresas, inclusive enquanto ajuda a estimular o negócio e a alimentar seu desempenho. Deve ser mostrado como o marketing pode aumentar a lucratividade, aumentar a aquisição e ajudar na retenção de clientes e auxiliar na reputação em geral. Deve ser mostrado como o marketing pode garantir o progresso de curto, médio e longo prazo das empresas.

Conforme adentrarmos no Quinto Paradigma, o papel do marketing será valioso demais e extremamente poderoso para o sucesso de uma empresa, agora mais do que em qualquer momento antes. O mundo será virado de cabeça para baixo durante o Quinto Paradigma. Vemos uma torrente de novas tecnologias se aproximando. A quantidade de dados cresce exponencialmente, as funções analíticas se tornam difundidas e onipotentes, as IAs trazem à tona capacidades extraordinárias e a sua democratização as põe ao alcance de todas as empresas, grandes ou pequenas. Paridade de produtos e guerras de preços são a norma, com a disrupção de todas as indústrias. Como as empresas conseguirão diferenciar suas marcas, produtos, serviços, campanhas e ofertas? Com a janela de atenção dos indivíduos diminuindo diante de toda a sobrecarga de informações, como as empresas conseguirão se destacar em meio ao ruído, engajar os consumidores e persuadi-los a escolher suas ofertas? Com a confiança sendo erodida em todos os aspectos da vida dos consumidores, como as empresas construirão preferências e afinidades duradouras e de confiança? Os desafios à frente são de uma magnitude sem precedentes, uma magnitude quântica.

O que diferenciará as ofertas de uma empresa não será o design ou a funcionalidade do produto. Não será o preço. Não serão promoções simplistas e copiadas. O papel do marketing será absoluta e vigorosamente crucial. E, infelizmente, muitas empresas ainda não entendem isso. Caso o marketing seja utilizado com expectativas claras e empoderado para concretizá-las, sua função poderá fazer uma diferença positiva enorme. O marketing se encontra em um ponto de inflexão, e a oportunidade é mesmo de uma em um milhão. Caso seja abraçada, ela pode deslanchar doravante de maneira brilhante. Ou pode implodir totalmente. Eis onde entra o CMO quântico. E aqui está o que os caracteriza:

1. Os CMOS quânticos são como Leonardo da Vinci. São multifacetados e multitalentosos, sobressaindo-se nas artes, ciências e

tecnologias do marketing. Usam tanto o lado direito quanto o esquerdo do cérebro, sendo tão criativos quanto analíticos.

2. Os CMOS quânticos são, principalmente, líderes de negócios que entendem do negócio. Eles apreciam de maneira profunda a maneira pela qual seu negócio faz dinheiro. São verdadeiros gerentes gerais, com profunda expertise em marketing, diferentemente daqueles que são apenas especialistas de marketing.

3. Eles são líderes fortes. Demonstram confiança e assertividade, as quais provêm não apenas de sua personalidade, mas do entendimento das dinâmicas do negócio, juntamente com um comando sobre a área do marketing. Eles conseguem fazer a ponte entre o marketing e os negócios da empresa.

4. CMOS quânticos são extremamente conhecedores dos aspectos fundamentais e clássicos do marketing. Entendem o básico de psicologia humana, sociologia e antropologia. Conhecem todos os 4 PS do marketing. Dominam profundamente as estratégias de precificação e elasticidade de preços, posicionamento de marcas, funis de compra, modelos de publicidade, bem como o funcionamento de agências, design de embalagens, funcionamento de promoções, como negociar patrocínios e parcerias e alavancá-las ao seu potencial máximo, como inspirar e conduzir o marketing, como medir os ROIS de suas campanhas e dos investimentos de marketing como um todo, como administrar os processos do marketing da maneira mais eficiente e como coordenar a miríade de coisas que se escondem na oficina da área.

5. Os CMOS quânticos também têm um apreço intenso pelos campos contemporâneos e emergentes do marketing. Conhecem o marketing *data driven* profundamente. Estão à frente do marketing de desempenho. Possuem uma habilidade inata para o marketing experiencial. Conhecem o neuromarketing. Sabem de economia comportamental. Contam com um bom entendimento acerca de todos os campos emergentes do marketing. E mais, eles conhecem tecnologias digitais e de informação, que são os dois principais motores que irão turbinar o marketing no futuro. A grande diferença do Quinto Paradigma é que os dados estarão, literalmente, explodindo, graças à proliferação de sensores e da Internet das Coisas, o que, em combinação com o poder incrível de inteligências artificiais, será um enorme divisor de águas. Os CMOS quânticos entendem tudo isso, sem deixar de lado sua capacidade de liderar.

6. Os CMOS quânticos têm experiência com tecnologia. Não são necessariamente especialistas profundos no assunto, mas pelo menos contam com suficiente compreensão e conhecimento para serem capazes de fazer as perguntas certas e enxergar através das entrelinhas nas respostas. Eles visualizam e inspiram os times a pensar sobre como essas novas tecnologias podem ser utilizadas para fornecer à sua empresa uma vantagem sobre todas as outras, não apenas sobre os competidores em sua própria categoria, mas sobre todas as categorias. Atualmente, não é somente dentro de suas categorias que as marcas competem por uma fatia das mentes e dos corações dos consumidores.

7. Os CMOS quânticos estão por dentro quando o assunto é conectar os pontos entre as atividades de marketing e os resultados de negócios. Eles administram verbas significativas, as quais

são acompanhadas por responsabilidade e prestação de contas acerca da criação de resultados. O CEO ou CFO dos CMOS quânticos entendem de maneira clara exatamente o que o marketing está realizando pela empresa, como ele está agregando valor em diversos níveis e como isso ajuda a aumentar os resultados de receitas e lucros. O marketing pode e deve exercer um tremendo papel na agenda de crescimento de uma empresa.

8. CMOS quânticos são líderes inspiradores, que têm visão de longo alcance. Falo de visão, pois tudo está passando por uma fase de enormes transformações. Visualize quais possibilidades podem existir. Os CMOS quânticos enxergam além do horizonte; não apenas reagem ao futuro que se aproxima rapidamente em sua direção, mas o moldam. Isso fornecerá uma vantagem competitiva injusta, exatamente aquilo de que precisamos. Os CMOS quânticos possuem grandes pensamentos, grandes visões, a habilidade de enxergar todo o panorama quando tudo aparenta ser extremamente caótico, e canalizam isso para ficar animados, inspirados, e para impulsionar uma visão que será fantástica para a empresa.

9. Os CMOS quânticos são líderes fortes e empáticos. Literalmente conduzem os times através dessa fase de transformações, o que não é fácil. As pessoas podem estar se afundando e perdidas com todas as mudanças internas e externas acontecendo tão rapidamente. Os CMOS quânticos as guiam em meio à agitação, pintam uma grande visão e a tornam tangível, decodificam o caos, simplificam o panorama, estão ao lado de seu pessoal nas trincheiras, lideram-no de maneira bem-sucedida através dos desafios, mantêm seu moral alto, inspiram a todos para que sejam as melhores versões de si mesmos e fazem com que se sintam pertencentes ao time vencedor.

10. Os CMOS quânticos são evangelistas do marketing, em especial se estiverem em empresas que não são movidas pelo marketing. São assertivos, confiantes, capazes de transitar entre as áreas de seus diversos companheiros, de obter seu comprometimento emocional e demonstrar o poder do marketing e a diferença que ele pode trazer para o negócio. Eles viabilizam uma transformação cultural dentro da empresa e ajudam a enxergar as possibilidades acerca do que o marketing consegue realizar, não apenas ao pintar um futuro otimista, mas ao demonstrar resultados tangíveis. Eles falam a língua dos CEOS e CFOS e são, portanto, bem-sucedidos em suas organizações. E, se a experiência da maioria dessas empresas com o marketing não foi fantástica até então, eles demonstram, e não apenas propõem, o poder do marketing. Eles fazem um esforço extra para provar seus pontos. De fato reformulam o marketing e impulsionam uma mudança em como ele é percebido dentro da empresa. Constroem uma causa crível, não apenas sobre por que a empresa deveria continuar investindo no marketing, mas por qual motivo ela deveria abraçar esta área como um impulsionador-chave dos negócios e uma vantagem competitiva significativa para a empresa.

11. Os CMOS quânticos contam com muita curiosidade e agilidade. Muitos de nós passamos por escolas de administração, diversas luas atrás. A vida mudou muito desde então. Os CMOS quânticos não ficaram presos a um paradigma anterior do marketing; eles não são anacrônicos. Mantêm-se atualizados com todas as mudanças, em vez de se tornarem obsoletos. Reeducam a si mesmos, aprendem sobre as maiores e mais recentes notícias, permanecem afiados. Devotam tempo regularmente para ler a respeito de um tópico emergente, comparecem a sessões de mentoria de especialistas, leem artigos técnicos sobre poten-

ciais aplicações, e por aí vai. Sim, os CMOS quânticos investem tempo e esforço para se manterem atualizados.

12. Os CMOS quânticos possuem uma mentalidade global. Muitos deles, especialmente dos Estados Unidos, aparentam possuir uma abordagem centrada nos EUA. Mas muita coisa acontece fora do país, geralmente muito mais do que dentro dele. Os CMOS quânticos adotam uma perspectiva global e fazem do mundo a sua ostra. É sério! Tentam passar alguns períodos em países que não sejam o seu para entender e possuir uma experiência em primeira mão sobre como as culturas podem se manifestar com diferentes nuances, como as mentalidades da força de trabalho são extremamente diferentes de uma cultura para outra, como os ambientes jurídicos e regulatórios variam e como diversos princípios se manifestam em culturas distintas com composições sociais muito diferentes.

13. Os CMOS quânticos são construtores de equipes. Os membros de suas equipes possuem conhecimentos mais profundos em algumas áreas e não tanto em outras. É quase impossível encontrar talentos prontos que sejam extraordinários em tudo; portanto, os CMOS quânticos juntam pessoas com aptidão sólida, boa atitude, ética de trabalho fenomenal, mentalidade cultural brilhante e compatível com a empresa e que sejam curiosos e ágeis. Em seguida, permitem que essas pessoas aprendam e treinem, pode ser a partir de estudos pessoais, programas on-line, sessões de treinamento em grupo, por meio de colegas, trabalhando para outros departamentos, a partir da rotação de trabalhos, ou seja, o que for que os auxilie ao longo da jornada de aprendizado.

279

14. Os CMOS quânticos enxergam o marketing como uma função voltada para o cliente, que são importantes embaixadores da empresa. CMOS quânticos saem a campo, encontrando distribuidores, colegas de vendas, membros da equipe, clientes reais e em potencial, agências e outros parceiros, mídia local, organizações locais de marketing e publicidade, outros CMOS etc. Eles continuamente buscam e promovem oportunidades que permitam ao marketing avançar para o próximo nível. Nada é uma fonte tão grande de insights quanto estar em campo e interagir com os clientes e outros pares, e inspirá-los acerca dos produtos e marcas da empresa.

15. Os CMOS quânticos entendem que os seus papéis não terminam com o crescimento e a proteção da marca e da empresa. Percebem que possuem um nível inacreditável de poder e influência de marketing e que podem fazer a diferença. Quando unem as mãos com outros da comunidade da área, ao longo de todo o ecossistema do marketing, eles fazem uma enorme diferença para a sociedade em geral. Coletivamente, nós, como profissionais de marketing, gastamos muito mais do que 1 trilhão de dólares todos os anos. Moldamos normas culturais, aspirações e padrões de vida; possuímos uma influência gigantesca. Esse poder e influência vêm com responsabilidades, vem com a responsabilidade de fazer o bem na sociedade, não apenas porque está na moda ou porque isso é esperado, mas porque é a coisa certa a fazer. Os CMOS quânticos focam em qualquer ação que seja relevante para a empresa e boa para a sociedade, tais como: tornar a internet um ambiente seguro; tornar o planeta um lugar seguro para as gerações futuras e todos os seres vivos; erradicar a fome; encontrar curas para o câncer. É importante notar que os consumidores querem e insistem que as marcas ajam pelo bem da sociedade. Sendo esta uma razão importante, o CMO quântico sabe que também é importante que

a necessidade de realizar tais ações parta de seu interior. Portanto, eles estão afinados com a sociedade e com a comunidade (como bons profissionais de marketing, precisam possuir um entendimento das vidas, das condições de vida, das aspirações e dos pontos sensíveis das pessoas) e possuem a sensibilidade necessária para sentir empatia e agir.

16. Os CMOS quânticos possuem papel importante na formulação do ambiente regulatório, mesmo enquanto esse admirável futuro novo amanhece, seja no tocante à privacidade, segurança da marca, transparência das agências ou em relação a outros detalhes. Muitas das áreas básicas e fundamentais do marketing estão sendo redefinidas. Os CMOS quânticos estão completamente envolvidos na modelagem dessas áreas. Eles se unem à comunidade de marketing por meio de organizações profissionais, tais como a Federação Mundial de Anunciantes, a Associação de Anunciantes Nacionais, associações locais de marketing ou clubes locais de publicidade. Eles têm papel na elaboração de políticas e na definição de parâmetros para a indústria.

17. Os CMOS quânticos são bons parceiros. Nem tudo pode ser criado e inventado dentro de determinada empresa, da mesma forma que nem tudo pode ser feito apenas pelos CMOS e suas equipes. Na verdade, ao longo de minha carreira, descobri que a maioria das ideias inovadoras é proveniente de pequenas empresas terceirizadas (de startups do Vale do Silício e de outros lugares). Elas são famintas por negócios e motivadas a vencer. Descobri que é extremamente benéfico andar de mãos dadas com essas empresas. Nós poderíamos aproveitar a inovação e chegar ao mercado com novas ideias, ao mesmo tempo que fornecemos escala e poder de marketing para essas startups.

18. Os CMOS quânticos são realistas no que se refere a agências. Um de meus chefes, bem no início de minha carreira, uma vez me disse que as agências não são nossos criados, mas nossos parceiros e iguais. Tenho me lembrado dessa mensagem por toda a minha vida, e acredito que seja a mentalidade correta para o futuro. Os CMOS quânticos dão exemplo para o time ao sempre tratar os parceiros de agências como verdadeiros parceiros e iguais. Eles podem pagar as contas, mas as agências ajudam a criar a mágica. Mesmo se os modelos das agências mudarem, mesmo com diversas empresas de consultoria entrando no setor das agências, mesmo quando as agências são internas, acredito que elas são parceiras de valor inestimável em nossa marcha em direção ao sucesso. Elas são uma extensão natural de minha equipe e estão comprometidas com o nosso sucesso. Ambos buscamos exatamente o mesmo resultado: criar trabalhos mágicos, dos quais todos nós sentiremos muito orgulho, trabalhos que podem fazer uma diferença positiva para nossa marca no mercado, que façam avançar o negócio de nossa empresa. Os CMOS quânticos entendem que as agências precisam se sentir inspiradas e que uma melhor criatividade será alcançada por meio de parcerias, e não aterrorizando-as com ameaças repetidas de mudar a campanha para outro lugar ou de cortar os honorários.

19. Os CMOS quânticos cuidam da saúde. Eles estão sob pressão constante, assim como qualquer outro executivo de alto escalão. Mas sabem que, se não estiverem bem, serão incapazes de desempenhar o seu melhor. Sua saúde física é muito importante, especialmente porque viajam muito, voando através dos fusos horários, comendo todo tipo de comida e em horários variados, atendendo eventos de clientes e coisas do tipo. Seus corpos passam por muitas situações. Mas os CMOS são responsáveis por seu corpo e pre-

cisam ter uma rotina e uma dieta saudáveis, assim como dormir uma quantidade adequada de horas. Precisam estar no ápice de seu estado mental para manter sua criatividade circulando. Um dos hábitos que descobri ser mais útil é a meditação. A meditação durante meia hora por dia não apenas pode oferecer uma paz mental e um estado de calma; ela também pode transformar profundamente a criatividade do indivíduo. Os CMOs quânticos também alimentam suas mentes com muita leitura.

20. Os CMOs quânticos possuem não apenas um alto quociente de inteligência e emocional, como também um alto quociente de criatividade (QC). Para citar Ajay Banga, diretor executivo na Mastercard, eles possuem um alto quociente de decência (QD). Os CMOs quânticos são, em primeiro lugar, seres humanos decentes. Eles tratam a todos, sejam membros de sua equipe, colegas de diferentes funções, vendedores ou parceiros de agências, com respeito e justiça. Os CMOs quânticos têm uma boa mistura de QI, QE, QC e QD.

21. Os CMOs quânticos se sentem felizes, enérgicos, e anseiam por seu trabalho. Ou mudam a maneira como lidam com isso ou pedem para sair. Sabem que a vida é preciosa demais para ser desperdiçada em labutas desnecessárias ou vivendo todos os dias com insegurança. O mundo é cheio de oportunidades para pessoas talentosas, as quais sabem que sempre conseguem encontrar um desafio à sua altura. Durante o Quinto Paradigma, a competição será brutal, e o mundo dos negócios passará por mudanças tectônicas. A necessidade do marketing será sentida e percebida, de modo que os CMOs quânticos terão muitas oportunidades.

Um ponto final, dessa vez para os CEOS. Se você estiver planejando contratar um CMO, por favor, contrate alguém que conheça e tenha experiência com o marketing. O setor não pode ser gerido apenas por senso comum. É necessária uma fina mistura das artes e ciências do marketing. É preciso uma pessoa profundamente sensitiva às nuances de sentimentos e com dom para articular o abstrato. Anos de experiência com marketing condicionam o profissional da área ao longo dessas linhas e lhe possibilita um julgamento que ultrapassa os algoritmos. Seu CMO precisa ser um evangelista de marketing dentro da empresa, além de precisar construir conexões fortes com as outras áreas. Não se pode simplesmente jogar alguém com senso comum e apenas um histórico de administração geral. O marketing não se refere apenas a gestão de pessoas, processos e otimização de investimentos; tem a ver com inspirar suas equipes internas e parceiros externos, criando mágica para a empresa. Não se trata de criatividade pelo bem da própria criatividade, mas de criatividade para impulsionar o negócio e construir uma enorme vantagem competitiva. Em um mundo em que tudo estará em paridade — seja produto, funcionalidades, capacidades, eficiências das cadeias de suprimentos etc. —, o marketing será necessário para diferenciar e destacar suas ofertas, e construir uma confiança duradoura, assim como aspirações e afinidades por sua marca. Você precisa de alguém com conhecimento, experiência, versatilidade, uma mentalidade de negócios e diversos outros fatores. Eu acabei de listá-los nesses 21 pontos. Você precisa de um CMO quântico.

Estou confiante de que o marketing voltará para onde pertence: sob os holofotes, em um lugar em que esteja entregando e conduzindo os negócios, onde as pessoas estejam curtindo e se divertindo. Como profissionais praticantes de marketing, também precisamos ajudar a construir a próxima geração de profissionais de marketing quântico. É crucial que divulguemos nossos conhecimentos nas universidades, onde estão sendo desenvolvidos novos profissionais da área. Precisamos nos certificar de que estão sendo ensinadas as coisas certas a eles, de que os estudantes estão sendo auxiliados pelas ferramentas corretas, que estão sendo liderados por ótimos professores. Portanto, vamos oferecer projetos sérios para esses estudantes quando eles passarem por seus estágios, em vez de lhes dar tarefas fúteis e degradantes. Vamos prover os professores com estudos de caso, baseados em trabalhos reais que estão acontecendo no mundo real. Os acadêmicos e praticantes deveriam se conectar e aprender uns com os outros com frequência. Seria uma ideia bacana fazer com que professores passassem algum tempo com os CMOS e os observassem em ação. Da mesma forma, seria ótimo se os profissionais de marketing ministrassem palestras para universitários.

Obrigado por ter me acompanhado ao longo desses dezoito capítulos. Espero que os tenha considerado úteis. Você pode não concordar com meu ponto de vista nem apoiar todas as questões, mas, se este livro tiver servido como um aviso para acordar, como um iniciador de pensamentos ou, em algum nível, como inspiração, meu propósito ao escrevê-lo foi atingido. Você sempre pode entrar em contato comigo por meio de raja.rajamannar@quantummarketing.com, ou me seguir no X em @RajaRajamannar, ou no LinkedIn.

Eu lhe desejo tudo de bom!

Muito obrigado!

Agradecimentos

Eu sempre pensei sobre o futuro de transformações do marketing e, ao longo dos últimos anos, compartilhei parcialmente meus pensamentos em diversos fóruns, e alguns coloquei em prática na Mastercard e em empresas nas quais trabalhei anteriormente. Em meados de 2019, comecei a escrever a estrutura para este livro, tentando capturar a essência da minha experiência de mais de trinta anos na indústria, mas também — e principalmente — minha visão, minhas perspectivas e meus conceitos acerca do futuro. Fui afortunado, pois Scott Hoffman, meu agente literário, viu o livro como promissor, forneceu sugestões inestimáveis e me ajudou a navegar por esse projeto apaixonado e fazê-lo dar frutos. Sou muito grato ao Scott!

Quero agradecer a Sara Kendrick, editora sênior na HarperCollins Leadership, por ter desafiado minhas hipóteses, conceitos e declarações, tornando o resultado muito melhor. Sou grato por seus insights incríveis e seu apoio ao longo do processo. Também sou grato às outras pessoas incríveis que trabalham na HarperCollins Leadership — incluindo Jeff Farr, David McNeill e Ron Huizinga — por seu excelente apoio. E também gostaria de agradecer a Sicily Axton, que me ajudou a confeccionar e dar seguimento aos planos de marketing e RP de maneira extremamente bem-feita para o lançamento do livro.

Sou grato a John Gaffney, que me auxiliou de maneira fora de série ao longo da criação deste livro.

Quero agradecer aos meus pares e outros líderes da indústria que leram meu manuscrito e ofereceram feedbacks e apoios valiosos. O feedback efusivamente positivo deles me manteve seguindo em frente de maneira enérgica.

Finalmente, gostaria de agradecer a minha família, a meus professores, aos meus amigos e aos colegas que tive ao longo dos anos; todos tiveram enorme impacto em quem sou hoje, e sou grato a eles. E me sinto grato a meu guru espiritual, Sri Parakala Swamy, por sua orientação ao longo das décadas, e a ele dedico este livro.

Sobre o autor

RAJA RAJAMANNAR é o diretor executivo de marketing e comunicação da Mastercard, além de presidir a área de serviços de saúde da empresa. É um executivo global talentoso, com mais de três décadas de experiência vivendo e trabalhando em diversos países.

Raja é reconhecido mundialmente como um líder extremamente inovador e transformador, e recebeu diversas premiações ao longo dos anos. Para citar algumas, ele foi citado pela *Forbes* como um dos "CMOS mais influentes do mundo", pela *Business Insider* como um dos "CMOS mais inovadores do mundo" e como um dos CMOS mais conhecedores de tecnologia pela *Adweek*. Raja foi nomeado Profissional de Marketing Global do Ano, em 2018, pela Federação Mundial de Anunciantes, e como Profissional de Marketing do Ano, em 2019, pela ANA Educational Foundation. Ele é um dos indicados ao Hall da Fama dos CMOS pelo Clube CMO. Raja também preside a Federação Mundial de Anunciantes.

Na Mastercard, ele é responsável pela transformação do marketing da empresa de maneira bem-sucedida, incluindo a integração das funções de marketing e comunicação, o desenvolvimento das plataformas experienciais Priceless e a criação e implantação de inovadores modelos de negócio encabeçados pelo marketing. Raja supervisionou a evolução bem-sucedida da identidade da empresa para a era digital, sendo um dos pioneiros responsáveis pelo movimento da Mastercard para se tornar uma marca símbolo, além de ter lançado a revolucionária marca sonora da empresa. Sob a liderança de Raja, a marca Mastercard deu passos significativos em sua jornada. A Interbrand classificou a Mastercard como a marca com crescimento mais rápido entre todas as indústrias e categorias ao redor do mundo em 2019. Em 2020, a Mastercard se tornou uma das "10 maiores marcas do mundo" de acordo com os rankings da BrandZ.

Raja passou metade de sua carreira administrando negócios, e a outra metade administrando marketing. Foi reconhecido por impulsionar transformações de negócios em uma vasta gama de indústrias e locais, incluindo bens de consumo embalados, serviços financeiros e cuidados de saúde. Antes de trabalhar para a Mastercard, foi diretor transformacional da firma de seguros de saúde Anthem (antiga WellPoint) e diretor de inovação e marketing da Humana. Mais no início de sua carreira, teve diversos cargos de gestão no Citibank, incluindo o de presidente e CEO do Diners Club North America. Antes do Citi, trabalhou para a Unilever na Índia, onde obteve seus fundamentos sobre vendas e marketing. Iniciou sua carreira na Índia, na Asian Paints.

Raja é um dos membros do Conselho de Diretores da PPL Corporation, uma empresa da US 500 Fortune, e da Bon Secours Mercy Health, um sistema de hospitais sem fins lucrativos nos Estados Unidos e na Irlanda.

Graduou-se em engenharia química na Faculdade de Tecnologia da Osmania University e fez sua pós-graduação no Instituto Indiano de Administração, em Bangalore.

Raja é um amante dos animais, especialmente de cachorros. É vegano e praticante de longa data de yoga e meditação.

Índice remissivo

"segmento individual", 29-30
1-800-Collect, 28
4 PS do marketing, 32, 54, 55, 275
5G, 43-44, 111-4
Accenture, 195, 217
Acxiom, 195
ad-blockers, 188-90
Adidas, 75
afinidade, 180-4
agências de publicidade, 195-6,
    227-9
Airbnb, 193-4
Albayrak, Kerem, 84
alegações falsas, 248-50
Alexa, 46, 75, 101, 122, 207, 220
Aliança Global pela Mídia
    Responsável (GARM), 233
aliança, 174
Aloft, 47
Amazon Go, 206
Amazon Prime, 176, 189
Amazon, 48, 87, 101, 105-6, 121-2,
    192, 206
ANA; ver Associação de
    Anunciantes Nacionais
Anadol, Refik, 93
análise de dados, 56-66, 71-2, 94
anonimato, a ciência do, 151-4
aparelhos/produtos conectados
    46-7
    com 5G, 111-2
    processo de compra com,
    207-8
    sensores para, 75-6

aplicativos, 33, 78-80, 104, 114-8, 249
Apple, 75, 80-1, 84, 86, 101, 200-1
assistentes virtuais, 101-2
Associação de Anunciantes
    Nacionais (ANA), 63, 134, 233,
    253, 281
Aston Martin, 167-9
AT&T, 28
autenticidade, 254
Banga, Ajay, 64, 283
Bartlett, Christopher, 153
Bens de Consumo Embalados (CPG),
Berners-Lee, Tim, 28
biométricas, 150
bitcoin, 131-3
blockchains, 43, 131-40
    e pagamentos de publicidade,
    134-7
    e criptomoedas, 131-4
    na cadeia de valor do
    marketing, 137
    e procedência, 138-9
bloqueadores de anúncios;
    ver ad-blockers
boca a boca, 190, 192
branding multissensorial, 159-70
branding sonoro, 159-66
branding, 19
    a responsabilidade dos CMOs e
    profissionais com o, 58-9
    multissensorial, 159-70
    sonoro, 23, 159-66
    uso dos sentidos no, 157-70
Burger King, 24

cálculos de ROI, 105
Callas, Maria, 123
Calvin Klein, 27
Cannes Lion, 104
características dos, 274-83
Carlin, George, 247
carros autônomos, 46, 77
CCPA (Lei de Privacidade do
    Consumidor da Califórnia), 85
CEOS, parcerias com, 226
cérebro primitivo, 158
cérebro, 158-63, 187
CFOS, parcerias com, 224-5
chatbots, 101
Chauhan, Rohit, 72
cheiros, 159, 169
ciências por trás do marketing,
    143-55
    economia comportamental,
    144-8
    neurociência, 148-50
    ciência do anonimato, 151-4
    ciência sensorial, 150-1
Citibank, 29, 69, 290
CMOS quânticos, 273-85
CMOS
    e atividades de marca, 58-9
    credibilidade do, 65
    durante o Quinto Paradigma;
    ver CMOS quânticos,
    parcerias internas para o, 223-7
    mover a função do marketing
    para o mainstream, 223-4
Coca-Cola, 27, 54
comércio por voz, 121
comércio, na construção de
    afinidades, 182
comoditização, 25-6

compra de mídias, 102-3
comunicação
    no marketing B2B, 213, 216
    contextual, 183
    durante crises, 266-7
    com equipes, e parceiros de
    agências ao longo de crises,
    283
conferências, 120
confiança
    como uma vantagem
    competitiva, 254
    e o comportamento ético, 247
    e táticas exploradoras, 265-6
    e mudanças do Quarto
    Paradigma, 37 e propósito, 239
consentimento, uso de dados, 85-6
construção de equipes, 279
construção de marca, 58-9
consumidores, 199-210
    escolhas de compra dos, 144-8
    encantando os, 183-4
    as vidas por completo dos,
    201-6
    o empoderamento dos... por
    conta da internet, 30
    pandemia e mudanças no
    estilo de vida dos, 260
    e processos de compras, 206-9
conteúdos falsos, 103, 253
contratação
    de CMOS quânticos, 284
    de talentos de tecnologia, 62
contratando, 284
contratos inteligentes, 133-4, 135
Cook, Tim, 80, 86
cookies, 80-1
Cooper, Bradley, 35

correspondências diretas, 29, 70
CPG (Bens de Consumo Embalados),
CPM (gestão de preferências
contextuais), 182-4
crescimento do negócio, 60
criação de conteúdo, 103-5
criptomoedas, 131-4, 152-3
crises, 259-71
visibilidade da marca durante,
268-9
comunicação durante, 266-7,
283
manuais de administração de,
269-70
exploração durante, 265-6
no Quinto Paradigma, 49
verbas de marketing durante,
267-8
CRM (marketing de relacionamento
com o consumidor), 217
Crowne Plaza, 47
CSR (responsabilidade social
corporativa), 240
Cubic, 232
dados descritivos, 72
dados preditivos, 72
dados prescritivos, 72
dados, 69-91
na vida diária do consumidor,
76-80
o lado sombrio dos, 83-4
democratização dos, 86-7
durante o Quinto Paradigma,
54
políticas governamentais
sobre dados, 85-6
e a missão do marketing, 56-66
posse de, 82

privacidade de, 70-1, 80-3
e sensores, 75-6
durante o Terceiro Paradigma,
28-32
dark web, 83-4
deep fakes, 103
deep learning, 98-101
DeGeneres, Ellen, 35
Deighton, John, 30
Deloitte, 195
democratização dos dados, 86-7
Democratização
dos dados, 86-7
marketing, 56
despesas com marketing e
publicidade, 57
devoção, 174
Dhar, Ravi, 147
diferenciação, 274
direcionamento ou segmentação,
102
Dispositivos (*gadgets*) vestíveis, 47,
125-6
Dodge, 25
drones, 47-8, 218
Eames, Charles, 95
Eaton, Scott, 93
economia comportamental (EC),
144-8, 213
Electrolux, 25
empresas de, 54, 223-4
empresas de, 54, 223-4
encantando os consumidores, 183-4
Endel, 105
ética dos dados, 250-1
ética, 247-57
e karma da marca, 251-3
dos dados, 250-1

insinuação da ética, 251-3
no Quinto Paradigma, 49
no Marketing Quântico, 254-7
Evermée, 75
Excite, 30
exploração durante crises, 265-6
exposições comerciais, 120
Facebook, 32, 33
Federação Mundial de Anunciantes, 233, 251, 281
fidelidade, 174
filantropia de dados, 242-3
filiação, 174
FIXD, 252
fórmula do marketing, 143
Fourie, Gerhard, 169
fundações, 240, 241
gamificação, 218-9
GARM (Global Alliance for Responsible Media; Aliança Global pela Mídia Responsável), 233
GDPR (Global Data Privacy Regulation; Regulamentação Global pela Privacidade dos Dados), 85-6
gestão de preferências contextuais (CPM), 182-4
gestão de reputação, 59-60
gestão de riscos durante, 261-3
servir *versus* vender durante, 264-5
ver também pandemia de Covid-19
gestão de riscos, 261-3
GlobalSign, 81
Google AdWords, 30
Google Home, 46, 101, 207

Google Maps, 114
Google, 33, 71, 81, 102, 121
governos
políticas de dados dos, 85-6
parcerias com os, 231
Gupta, Sunil, 63-4
Hilton, 47 (18)
Hipaa (Health Insurance Portability and Accountability Act; Lei de Responsabilidade e Portabilidade de Seguros de Saúde), 73
história do marketing, 23-38
poder atual e onipresença de aparelhos na, 36-8
Primeiro Paradigma da, 25-6
Quarto Paradigma da, 32-5
Segundo Paradigma da, 26-7
Terceiro Paradigma, 28-32
hologramas, 138
horário nobre, 35
HotWired, 28
Hulu, 189
humanizando negócios, 216
IA Azure, 123
IA; *ver* inteligência artificial
IBM, 28, 137
identidade sonora, 163, 168
identificação digital, 81-3, 138
IdenTrust, 81
Ikea, 116-7
impressão 3D, 126-7
realidade virtual, 118-20
dispositivos (*gadgets*) vestíveis, 125-6
impressão 3D, 45, 126-7, 218
insinuação da ética, 251-3
Instagram, 192, 234

inteligência artificial (IA), 42,
93-107
no marketing B2B, 218, 219
chatbots, 101
criação de conteúdo, 103-5
deep learning ou aprendizado
profundo, 98
e conteúdos falsos, 253
lançamento de iniciativas de,
105-6
machine learning, 97-8
compra de mídias, 102-3
visão geral acerca de, 96-7
cálculos de ROI, 105
processo de pesquisas, 102
direcionamento e
personalização, 102
assistentes virtuais, 101-2
Inteligência Artificial Estreita, 96
Inteligência Artificial Geral, 96, 97,
104
Internet das coisas (IOT), 42, 43-4,
124-5, 220
internet, 28-32, 54
iPads, 201
iPhone, 32
Jenner, Kylie, 35
Jordan, Michael, 27
Kahneman, Daniel, 144
karma da marca, 257
KFC, 48
Klingemann, Mario, 93
Koehler, 77
Kohler, 75
Kotler, Philip, 54
Lawrence, Jennifer, 35
lealdade motivada por comércio,
179-80

lealdade movida por causas, 179
lealdade movida por paixão, 179
lealdade movida por propósito, 179
lealdade movida por
relacionamentos, 179
lealdade, 173-85
e afinidade, 180
o básico da, 174-8
construindo afinidade e
química com a marca, 180-4
e a traição nos casamentos,
173-5
no Quinto Paradigma, 48
manifestações de, 179-80
Lei de Privacidade do Consumir da
Califórnia (CCPA), 85
Lei de Responsabilidade e
Portabilidade de Seguros
de Saúde (Hipaa, na sigla
em inglês), 73
Levi's, 75
Lexus, 193
liderança, 275, 277
livro-razão distribuído, 131
Loerke, Stephan, 251
lógica, 25-6
Lucky Strike, 25
machine learning, 97-8
Madonna, 27
Maison Ladurée, 167
mantendo a promessa da marca,
256
manuais de gestão de crises, 269-70
manutenção de saúde, 282
marcas
associando emoções com a, 27
e realidade aumentada, 117
construindo afinidade e

295

química com a, 180-4
durante crises, 268-9
programas de fidelidade de,
176-8; *ver também* lealdade,
e processos de compra, 208
em ambiente exclusivamente
vocal, 122
marketing *business-to-business*
(empresa-para-empresa) (B2B),
213-21
marketing de causas, 239
marketing de celebridades, 27
marketing de mecanismos de
busca (SEM), 220
marketing de produtos; *ver*
Primeiro Paradigma,
marketing de relacionamento com
o consumidor (CRM), 217
marketing digital e social; *ver*
Quarto Paradigma,
marketing emocional; *ver* Segundo
Paradigma,
Marketing Experiencial Quântico
(MEQ), 191-6
Marketing movido a dados; *ver*
Terceiro Paradigma,
marketing multissensorial, 160
marketing para máquinas, 219-20
marketing quântico, 9, 254-7; *ver*
também Quinto Paradigma do
Marketing; *tópicos individuais*
Marketing, 15-9
prêmios por, 58
verbas para, 267-8
para negócios, 213-9
crises no, 16-9
ponto de inflexão atual para o,
274

equipando os estudantes
para carreiras no, 63
despesas do, 57
história do, 23-38
para máquinas, 219-20
paradigmas do, 19-20, 25-41;
ver também cada paradigma,
Quântico, 17-20; *ver também*
Quinto Paradigma do
Marketing,
cadeia de valores para o,
137
ver também os tópicos específicos
Marriott, 119, 169
Mastercard, 46, 64, 161-7, 194-5, 232,
241-2
Maytag, 75
McCann, 195
McDonald's, 24
MCI, 28
MediaOcean, 137
mentalidade global, 279
MEQ (Marketing Experiencial
Quântico), 191-6
mercado de publicidade, 137
métricas de marca, 57-8
Microsoft, 123, 242
mídias digitais, 28-32
mídias sem publicidade, 189
missão do marketing, 53-67
e a onda dos dados, 56-66
reinicialização, 53-6
modelo AIDAS, 199-200
modelo Atenção, Interesse, Desejo,
Ação, Satisfação (AIDAS),
199-200
navegador Brave, 83
navegador Tor, 83

Nest, 75
Netflix, 189
Netscape, 30
neurociência, 148-50
Nike, 27, 169
novas tecnologias, 41, 109-28
    realidade aumentada, 114-8
    5G, 111-4
    no Quarto Paradigma, 109-10
    projeções holográficas, 122-4
    Internet das coisas, 124-5
    smart speakers, 121-2
O'Brien, Diana, 216
olfato, 159, 168-9
Open Banking, 87
Open Marketing, 87
Orbison, Roy, 123
otimização de navegadores de
    busca (SEO), 219-20
Oura, 75
Owlet, 75
P&G, 77
paixão, 175
paladar, 166-70
pandemia de Covid-19, 259-60
    utilização de aplicativos
    durante a, 117
    mensagens de marcas durante
    a, 269
    poder das parcerias com as
    comunidades durante, 234
    a utilização de tecnologias
    durante, 217-8
    eventos virtuais durante, 120
panorama de competição, 20, 42-4
parceiras para inovação, 229
parceria com a tecnologia da
    informação (TI), 224

parcerias com a comunidade, 233-4
parcerias com agências, 227-9, 269,
    282
parcerias com as comunidades
    locais, 233-4
parcerias com conselheiros
    jurídicos, 225-6
parcerias com mídias, 230-1
parcerias com o recursos humanos
    (RH), 225
parcerias com trabalhadores, 234-5
parcerias comerciais, 232-3
parcerias de paixão, 230-1
parcerias de tecnologia, 230
parcerias internas, 223-7
parcerias na indústria, 232-3
parcerias público-privadas, 231-2
parcerias, 223-35, 281
    responsabilidades em, 255
    com agências, 227-9
    com a indústria e entidades
    comerciais, 232-3
    de inovação, 229
    internas, 223-7
    com comunidades locais, 233-4
    com mídias, 230-1
    com trabalhadores de
    meio-período, temporários e
    freelancer, 234-5
    de paixão, 230-1
    público-privada, 231-2
    de tecnologia, 230
Patagonia, 242-3
pensamentos do Sistema 1, 158, 159,
    213-4
pensamentos do Sistema 2, 158
Pepsi, 27
pesquisas, 102

Philips, 75
Philips, 77
piedade, 174
PPP (parcerias público-privadas), 231-2
prêmios, 58
Primeiro Paradigma do Marketing (marketing de produto), 25-6, 41, 94
privacidade de dados, 70-1
Privacidade por Design, 85
privacidade, 78-83, 256
procedência, 138-9
processo de compra, 206-9
produção em massa, 25
profissionais de marketing quântico, 65-6, 204-5
projeções holográficas, 122-4
projeto Economic Graph do LinkedIn, 243
propinas na indústria, 253
propósito 237-45
    na construção de afinidades, 181
    durante crises, 264
    no Quinto Paradigma, 49
    no Primeiro Paradigma, 25-6
propósito durante, 264
publicidade de resposta direta, 29
publicidade, 19, 187-97
    prêmios de, 58
    ecossistema de, 135
    despesas com, 57
    exposição a, 187-90
    no Quinto Paradigma, 48
    na história, 23-4
    perda de credibilidade na, 25
    pagamentos de, 134-7

    solução do marketing quântico para a, 190-6
QC (quociente de criatividade), 283
    quociente de criatividade (QC), 283
QD (quociente de decência), 283
QI (quociente de inteligência), 283
Qualcomm, 78
quântico (termo), 9, 93-4
Quarto Paradigma do Marketing (marketing digital e social), 32-5, 41, 94, 138
questões financeiras, 57-8
Quinn, Robert, 237-8
Quinto Paradigma do marketing (Marketing quântico), 17-20, 41-50
    sob a perspectiva dos dados, 94-5
    panorama emergente para o, 42-4
    ética durante o, 254-7
    missão durante o, 59-66
    outras tecnologias emergentes no, 44-9
    mudança da mentalidade dos consumidores durante o, 206-9
quociente de decência (QD), 283
quociente de inteligência (QI), 283
quociente emocional (QE), 283
RA (realidade aumentada), 44, 114-8
raciocínio, 25-6
realidade aumentada (RA), 44, 114-8
Realidade Mista, 123
realidade virtual (RV), 44-5, 118-20, 218
redes sociais, 110

e anonimato, 153
serviços criativos oferecidos
por, 196 crise de comunicação
nas, 266-7
e as mudanças no Quinto
Paradigma, 54
no Quarto Paradigma, 32-5
alavancagem, 56
Regulamentação Geral de Proteção
de Dados (UE), 37
Regulamentação Global pela
Proteção dos Dados (GDPR),
85-6
relacionamentos, 175-6
responsabilidade social corporativa
(CSR), 240
retorno sobre o investimento de
marketing (Romi), 71
Ring, 75
robótica, 47, 112
Romi (Retorno sobre o
investimento de marketing), 71
RV, *ver* realidade virtual
sabonete Dove, 203
Samsung, 75, 77, 124, 207-8
SAP, 242
Segundo Paradigma do Marketing
(marketing emocional), 26-7,
41, 94
SEM (marketing de mecanismos de
busca), 220
sensores, 75-6
sentidos, 157-70
como o cérebro funciona,
158-63
a ciência dos, 150-1
visão, 159
olfato, 159, 168-9

audição, 159-69
paladar, 166-70
tato, 168
SEO (otimização de mecanismos de
busca), 219-20
serviços de assinatura, 207
servir *versus* vender, 264-5
Shakur, Tupac, 122
Shields, Brooke, 27
Shinoda, Mike, 162
Siri, 101
Skiplagged, 249
smart speakers, 46-7, 121-2
Snapchat, 35
sobrecarga de informações, 157
som, 160-1
Sprint, 28
stakeholders, 226-7, 266
Starbucks, 77
Starcher, John, 74
Sthanunathan, Stan, 202
Superinteligência Artificial, 96-7
tato, 168
tecnologias
no marketing B2B, 218
para o Quinto Paradigma, 110,
ver também novas tecnologias
e mudanças do Quinto
Paradigma, 54-5
no Quarto Paradigma, 109-10
tecnologias móveis, 32-5, 54
Terceiro Paradigma do marketing
(marketing movido por dados),
28-32, 41, 94, 138
Thaler, Richard, 144
ThisPersonDoesNotExist.com,
103
Tide, 25

tomadas de decisão no comércio
B2B, 213-6
trabalhadores de meio-período,
234-5
trabalhadores freelance, 234-5
trabalhadores temporários, 234-5
Unilever, 137, 203
UPS, 48
valores, 49
vantagens competitivas, 61, 254
Vaswani, Ashok, 87
Veblen, Thorstein, 147
vender, servir *versus*, 264-5
visão, 159
visão, 277
Volvo, 28
Wall Street Journal, 193
Warner Music Group, 105
Whirlpool, 75
Withings, 77
WorldWideWeb, 28
Yadav, Pranav, 150
Yahoo, 30
YouTube Premium, 189
YouTube, 33, 109

Notas

Prefácio

1. Empresas que são referência em seu setor, de valor elevado e com ações negociadas na bolsa de valores. (N. E.)

2. *Chief Executive Officer*: "diretor executivo". (N. E.)

3. "12 Ways CEOs Can Support Their Marketing Teams". *Forbes*, [S.l.], pp. 1-5, 12 jun. 2017. Disponível em: https://www.forbes.com/sites/forbescommunicationscouncil/2017/06/12/12-ways-ceos-can-support-their-marketing-teams/?sh=657111637859. Acesso em: 15 out. 2024.

4. *Chief marketing officer*: "diretor de marketing". (N. T.)

5. Pedras de toque (em inglês, *touchstones*) são instrumentos utilizados para verificar se um metal é precioso ou não. Como um gabarito universal, medindo amostras e as comparando com um ideal. (N. T.)

Capítulo 1: A jornada do marketing: Da Antiguidade aos algoritmos

6. Stephanie Pappas, "Pompeii 'Wall Posts' Reveal Ancient Social Networks". *Livescience*, [S.l.], pp. 1-4, 10 jan. 2013. Disponível em: https://www.livescience.com/26164-pompeii-wall-graffiti-social-networks.html. Acesso em: 15 out. 2024.

7. Course Hero, "The History of Advertising can be Traced to..." [S.l.]: Western University, [s.d.]. Disponível em: https://www.coursehero.com/file/28172197/Thedocx/. Acesso em: 15 out. 2024.

8. Chip Lafleur, "The Ancient Origins and History of Modern Marketing and Advertising". *LaFleur*, [S.l.], pp. 1-5, 26 jul. 2016. Disponível em: https://lafleur.marketing/blog/ancient-origins-history-modern-marketing-advertising/. Acesso em: 15 out. 2024.

9. Amelia Lucas, "Burger King Sells Whoppers for a Penny at McDonald's locations to promote its app". *CNBC*, [S.l.], pp. 1-3, 4 dez. 2018. Disponível em: https://www.cnbc.com/2018/12/04/burger-king-sells-whoppers-for-a-penny--at-mcdonalds-locations.html. Acesso em: 15 out. 2024.

10. "Vintage Dodge Ad, 1951". Pinterest, Postado por Robert Stead. Disponível em: https://www.pinterest.com/pin/285767538825843116/. Acesso em: 15 out. 2024.

11. Em inglês, "Nothing Sucks Like Electrolux". (N. E.)

12. Becky Little. "When Cigarette Companies Used Doctors to Push Smoking". *History.com*, [S.l.], pp. 1-3, 11 set. 2019. Disponível em: https://www.history.com/news/cigarette-ads-doctors-smoking-endorsement. Acesso em: 15 out. 2024.

13. Em inglês, "Things go better with Coke" e "Pepsi is the soft drink for a New Generation". (N. E.)

14. Ross Benes, "The Beginning of a Giant Industry": an Oral History of the First Banner Ad. *Digiday*, [S.l.], pp. 1-13, 8 nov. 2017. Disponível em: https://digiday.com/media/history-of-the-banner-ad/. Acesso em: 15 out. 2024.

15. Susan Young, "Getting the Message: How the Internet Is Changing Advertising". *Harvard Business School Working Knowledge*, [S.l.], pp. 1-5, 16 maio 2000. Disponível em: https://hbswk.hbs.edu/archive/getting-the-message--how-the-internet-is-changing-advertising. Acesso em: 15 out. 2024.

16. Ibid.

17. Jeff Desjardins, "What Happens in an Internet Minute in 2019?". *Visual Capitalist*, [S.l.], pp. 1-4, 13 mar. 2019. Disponível em: https://www.visualca-pitalist.com/what-happens-in-an-internet-minute-in-2019/. Acesso em: 15 out. 2024.

18. Quentin Fottrell, "People Spend Most of Their Waking Hours Staring at Screens". *Market Watch*, [S.l.], pp. 1-4, 4 ago. 2018. Disponível em: https://www.marketwatch.com/story/people-are-spending-most-of-their-waking--hours-staring-at-screens-2018-08-01. Acesso em: 15 out. 2024.

19. "Ellen's Oscar 'Selfie' Crashes Twitter, Breaks Record". *CNBC*, [S.l.], pp. 1-3, *CNBC*, 3 mar. 2014. Disponível em: https://www.cnbc.com/2014/03/03/ellens--oscar-selfie-crashes-twitter-breaks-record.html. Acesso em: 15 out. 2024.

20. Kaya Yurieff, "Snapchat Stock Loses $1.3 billion after Kylie Jenner Tweet". *CNN Business*, [S.l.], pp. 1-2, 23 fev. 2018. Disponível em: https://money.cnn.com/2018/02/22/technology/snapchat-update-kylie-jenner/index.html. Acesso em: 15 out. 2024.

21. "Programmatic Adspend to Exceed US$100bn for the First Time in 2019". *Zenith, the ROI Agency*, [S.l.], pp. 1-4, 25 nov. 2019. Disponível em: https://www.zenithmedia.com/programmatic-adspend-to-exceed-us100bn-for-the-first-time--in-2019/. Acesso em: 15 out. 2024.

22. Laurie Sullivan, "Data Estimates 40% of All Media Spend Is Wasted – How One Company Is Plugging the Holes". *Media Post*, [S.l.], pp. 1-2, 23 set. 2019. Disponível em: https://www.mediapost.com/publications/article/340946/data-estimates-40-of-all-media-spend-is-wasted-.html. Acesso em: 15 out. 2024.

23. Suzanne Vranica, "Ad Business Full of Nontransparent Practices, Study Finds". *The Wall Street Journal*, [S.l.], pp. 1-4, 7 jun. 2017. Disponível em: https://www.wsj.com/articles/ad-business-full-of-nontransparent-practices-study--finds-1465303654. Acesso em: 15 out. 2024.

24. Idem, "Federal Prosecutors Probe Ad Industry's Media-Buying Practices". *The Wall Street Journal*, [S.l.], pp. 1-4, 27 ago. 2018. Disponível em: https://www.wsj.com/articles/federal-prosecutors-probe-ad-industrys-media--buying-practices-1538078020. Acesso em: 15 out. 2024.

25. Devin Coldewey, "The California Consumer Privacy Act Officially Takes Effect Today". *Tech Crunch*, [S.l.], pp. 1-4, 1 jan. 2020. Disponível em: https://techcrunch.com/2020/01/01/the-california-consumer-privacy-act-officially--takes-effect-today/. Acesso em: 15 out. 2024.

Capítulo 2: O Quinto Paradigma

26. Darrell Etherington, "Amazon's Prime Air drone Delivery Fleet Gains FAA Approval for Trial Commercial Flights". *Tech Crunch*, [S.l.], pp. 1-4, 31 ago. 2020. Disponível em: https://techcrunch.com/2020/08/31/amazons-prime-air-drone--delivery-fleet-gains-faa-approval-for-trial-commercial-flights/. Acesso em: 15 out. 2024.

Capítulo 3: Reiniciando a missão do marketing

27. *Chief financial officer:* "diretor financeiro". (N.T.)

28. Pesquisas do tipo "de 0 a 10, quanto você indicaria nossa empresa a seus amigos?". (N.T.)

29. Profit & Loss: relatório financeiro com o balanço de lucros e perdas de uma empresa durante um período determinado. (N.T.)

30. Richard Whitman, "McCann Research Drives New ANA Talent Recruitment Effort". *Media Post*, [S.l.], pp. 1-2, 14 nov. 2019. Disponível em: https://www.mediapost.com/publications/article/343374/mccann-research-drives--new-ana-talent-recruitment.html. Acesso em: 15 out. 2024.

Capítulo 4: O dilema dos dados

31. "New Research Reveals Most Consumers Unaware of Financial Data Collection Practices". *The Clearing House*, [S.l.], pp. 1-2, 19 nov. 2019. Disponível em: https://www.theclearinghouse.org/payment-systems/articles/2019/11/new-re-search-financial-data-collection-practices-11-19-19. Acesso em: 15 out. 2024.

32. Ray Walsh, "Organizations Sign Privacy International Petition Criticizing Exploitative Pre-Installed Apps on Android. *ProPrivacy*, [S.l.], pp. 1-3, 9 jan. 2020. Disponível em: https://proprivacy.com/privacy-news/organizations--sign-privacy-international-petition. Acesso em: 15 out. 2024.

33. Eric Rosenbaum, "5 Biggest Risks of Sharing Your DNA with Consumer Genetic-Testing Companies". CNBC, [S.l.], pp. 1-8, 16 jun. 2019. Disponível em: https://www.cnbc.com/2018/06/16/5-biggest-risks-of-sharing-DNA-with-consumer-genetic-testing-companies.html. Acesso em: 15 out. 2024.

34. Leslie Picker; Nick Wells; Whitney Ksiazek, "How Hedge Hund Investors Are Making Money off the Data You're Giving Them for Free". CNBC, [S.l.], pp. 1-3, 23 abr. 2019. Disponível em: https://www.cnbc.com/2019/04/23/how-hedge-funds-use-alternative-data-to-make-investments.html. Acesso em: 15 out. 2024.

35. Elizabeth Chuck; Chelsea Bailey, "Apple CEO Tim Cook Slams Facebook: Privacy 'Is a Human Right, It's a Civil Liberty'". NBC News, [S.l.], pp. 1-5, 28 mar. 2018. Disponível em: https://www.nbcnews.com/tech/tech-news/apple-ceo-tim-cook-slams-facebook-privacy-human-right-it-n860816. Acesso em: 15 out. 2024.

36. "Myid Platform Enables a Trusted Digital ID Economy". *MyiDAlliance.org*, [S.l.], pp. 1-14, [s.d.]. Disponível em: https://myidalliance.org/en/. Acesso em: 15 out. 2024.

37. Disponível em: https://brave.com/. Acesso em: 15 out. 2024.

38. Jesse Hollington, "Hacker Who Tried to Blackmail Apple by Threatening to Delete 319 Million iCloud Accounts Gets Two-Year Sentence". *IDrop News*, [S.l.], pp. 1-6, 26 dez. 2019. Disponível em: https://web.archive.org/web/20200302095925/https://www.idropnews.com/news/hacker-who-tried-to-blackmail-apple-by-threatening-to-delete-319-million-icloud-accounts-gets-two-year-sentence/125904/. Acesso em: 15 out. 2024.

39. Simon Fogg, "GDPR for Dummies: Simple GDPR Guide for Beginners". *Termly*, [S.l.], pp. 1-18, 20 set. 2019. Disponível em: https://termly.io/resources/articles/gdpr-for-dummies/. Acesso em: 15 out. 2024.

40. "Privacy by Design GDPR". *Privacy Trust*, [S.l.], pp. 1-3, 2018. Disponível em: https://www.privacytrust.com/gdpr/privacy-by-design-gdpr.html. Acesso em: 15 out. 2024.

Capítulo 5: Inteligência artificial:
O propulsor supremo do marketing quântico

41. Mario Klingermann, *Quasimodo*, Homepage. [S.l., s.d]. Disponível em: https://quasimondo.com/. Acesso em: 15 out. 2024.

42. "An Interview with Scott Eaton". *Direct Digital*, [S.l.], pp. 1-5, [s.d.]. Disponível em: https://www.direct-digital.com/en/case-study/interview-scott-eaton. Acesso em: 15 out. 2024.

43. Disponível em: https://refikanadol.com/. Acesso em: 15 out. 2024.

44. Karen Gilchrist, "Chatbots Expected to Cut Business Costs By $8 Billion by 2022". *CNBC*, [S.l.], pp. 1-3, 9 maio 2017. Disponível em: https://www.cnbc.com/2017/05/09/chatbots-expected-to-cut-business-costs-by-8-billion-by-2022.html. Acesso em: 15 out. 2024.

45. Sigla em inglês para *Search Engine Optimization*, otimizador de motores de busca. (N. E.)

46. "JWT'S 'The Next Rembrandt' Wins Two Grand Prix and an Innovation Lion at Cannes". *IBB Online*, [S.l.], pp. 1-3, 2016. Disponível em: https://www.lbbonline.com/news/jwts-the-next-rembrandt-wins-two-grand-prix-and-an-innovation-lion-at-cannes. Acesso em: 15 out. 2024.

47. Amy X. Wang, "Warner Music Group Signs an Algorithm to a Record Deal". *Rolling Stone*, [S.l.], pp. 1-4, 23 mar. 2019. Disponível em: https://www.rollingstone.com/pro/news/warner-music-group-endel-algorithm-record-deal-811327/. Acesso em: 15 out. 2024.

Capítulo 6: O Big Bang da tecnologia

48. Google Maps AR. Vídeo postado por Mandar Limaye. [S.l.: s.n.], 8 maio 2018. 1 vídeo (1:30 min). Disponível em: https://www.youtube.com/watch?v=-4FogFpzsYLM. Acesso em: 15 out. 2024.

49. Ayda Ayoubi, "IKEA Launches Augmented Reality Application". *Architect*, [S.l.], pp. 1-4, 21 set. 2017. Disponível em: https://www.architectmagazine. com/technology/ikea-launches-augmented-reality-application. Acesso em: 15 out. 2024.

50. Cheryl Rosen, "Marriott Debuts Augmented Reality Views of Properties on iPhone". *Travel Market Report*, [S.l.], pp. 1-6, 20 jun. 2018. Disponível em: https://www.travelmarketreport.com/articles/Marriott-Debuts-Augmented- -Reality-Views-of-Properties-on-iPhone. Acesso em: 15 out. 2024.

51. Sarah Perez, "Over a Quarter of US Adults Now Own a Smart Speaker, Typically an Amazon Echo". *Tech Crunch*, [S.l.], pp. 1-4, 8 mar. 2019. Disponível em: https://techcrunch.com/2019/03/08/over-a-quarter-of-u-s-adults-now-own-a- smart-speaker-typically-an-amazon-echo/. Acesso em: 15 out. 2024.

52. Greg Sterling, "Report: Amazon Internal Data Suggest 'VoiceCommerce' Virtually Nonexistent". *Marketing Land*, [S.l.], pp. 1-3, 8 ago. 2018. Disponível em: https://martech.org/report-amazon-internal-data-suggest-voice-com- merce-virtually-nonexistent/. Acesso em: 15 out. 2024.

53. Mary Jo Foley, "Microsoft's Latest Holoportation Demo Shows Off its Mixed Reality, AI, Translation Technologies". *ZDNet*, [S.l.], pp. 1-4, 17 jul. 2019. Disponível em: https://www.zdnet.com/article/microsofts-latest-ho- loportation-demo-shows-off-its-mixed-reality-ai-translation-technologies/. Acesso em: 15 out. 2024.

54. Do inglês, *business-to-business*. Modelo de vendas de empresas para empresas. (N. E.)

55. Family Hub™. [S.l.: s.d.]. Disponível em: https://www.samsung.com/us/ex- plore/family-hub-refrigerator/overview/. Acesso em: 15 out. 2024.

Capítulo 7: Desbloqueando as blockchains

56. Lara O'Reilly, "Bombshell Report Claims US Ad Agencies Unethically Pad their Profits with Secret Rebate Schemes". *Business Insider*, [S.l.], pp. 1-15, 7 jun. 2016. Disponível em: https://www.businessinsider.com/ana-report-alleges--widespread-ad-agency-kickback-schemes-2016-6. Acesso em: 15 out. 2024.

57. Laurie Sullivan, "Data Estimates 40% Of All Media Spend Is Wasted: How One Company Is Plugging the Holes". *Media Post*, [S.l.], pp. 1-2, 23 set. 2019. Disponível em: https://www.mediapost.com/publications/article/340946/data-estimates-40-of-all-media-spend-is-wasted-.html. Acesso em: 15 out. 2024.

58. Matt Marshall, "IBM-Unilever Blockchain Pilot Cuts Wasteful Ad Spend". *Venture Beat*, [S.l.], pp. 1-7, 15 ago. 2019. Disponível em: https://venturebeat.com/media/ibm-unilever-blockchain-pilot-cuts-wasteful-ad-spend/. Acesso em: 15 out. 2024.

Capítulo 8: As ciências por trás do marketing

59. Ismail Serageldin, "Ancient Alexandria and the dawn of medical science". *National Center for Biotechnology Information*, [S.l.], pp. 1-14, 30 dez. 2014. Disponível em: https://www.ncbi.nlm.nih.gov/pmc/articles/PMC3991212/. Acesso em: 15 out. 2024.

60. Joe Dawson, "Who Is That? The Study of Anonymity and Behavior". *Association for Psychological Science*, [S.l.], pp. 1-8, 30 mar. 2018. Disponível em: https://www.psychologicalscience.org/observer/who-is-that-the-study-of-anonymity-and-behavior. Acesso em: 15 out. 2024.

Capítulo 9: Todos os sentidos

61. Iris Hearn, "What Mastercard is Teaching Marketers About Sonic Branding". *Impact*, [S.l.], pp. 1-6, 13 fev. 2019. Disponível em: https://www.impact-plus.com/blog/mastercard-sonic-branding. Acesso em: 15 out. 2024.

62. Mark Wilson, "Mastercard Just Launched a Sonic Logo. Here's What It Sounds Like". *Fast Company*, [S.l.], pp. 1-4, 13 fev. 2019. Disponível em: https://www.fastcompany.com/90305949/mastercard-just-launched-a-sonic-logo--heres-what-it-sounds-like. Acesso em: 15 out. 2024.

63. Tim Nudd, "Hear Mastercard's New Brand Melody in Various Apps, Styles and Places". *Muse by Clio*, [S.l.], pp. 1-7, 13 fev. 2019. Disponível em: https://muse-bycl.io/music/hear-mastercards-new-brand-melody-various-apps-styles-and--places. Acesso em: 15 out. 2024.

64. Allen Adamson, "Mastercard's Smart New Branding Strategy Speaks Louder Than Words". *Forbes*, [S.l.], pp. 1-4, 7 jan. 2019. Disponível em: https://www.forbes.com/sites/allenadamson/2019/01/07/mastercards-smart-new--branding-strategy-speaks-louder-than-words/?sh=5f72ce715dbc#ea332b-65dbcd. Acesso em: 15 out. 2024.

65. "Merry Go Round". Vídeo postado por Mastercard. [S.l.: s.n.], 2019. 1 vídeo (3:00 min). Disponível em: https://www.youtube.com/watch?v=LMrbsU-Dp9ts. Acesso em: 15 out. 2024.

66. "AMP Releases Best Audio Brands 2020 Ranking". AMP, [S.l.], pp. 1-3, 14 abr. 2020. Disponível em: https://www.ampsoundbranding.com/amp-news/sound-experience-ai-thority. Acesso em: 15 out. 2024.

67. No Brasil, a Mastercard lançou um serviço similar chamado Espaço Priceless. (N. E.)

68. Cf. *The Marketing Society*, [S.l.], pp. 1-4, [s. d.]. Disponível em: https://www.marketingsociety.com/the-library/dining-atop-billboard-mastercard. Acesso em: 15 out. 2024.

69. Lindsay Stein, "Mastercard Impresses with New NYC Culinary Experiences". *Campaign US*, [S.l.], pp. 1-5, 30 jul. 2019. Disponível em: https://www.campaignlive.com/article/mastercard-impresses-new-nyc-culinary-experiences/1592396. Acesso em: 15 out. 2024.

70. Barry Levine, "Mastercard Adds Taste to Brand's Positioning with Custom Macarons". *Marketing Dive*, [S.l.], pp. 1-3, 24 set. 2019. Disponível em: https://www.marketingdive.com/news/mastercard-adds-taste-to-brands-positioning-with-custom-macarons/563552/. Acesso em: 15 out. 2024.

71. Andrea Cheng, "How a Hotel Gets Its Signature Scent". *Conde Nast Traveler*, [S.l.], pp. 1-6, 2 ago. 2019. Disponível em: https://www.cntraveler.com/story/how-a-hotel-gets-its-signature-scent. Acesso em: 15 out. 2024.

72. "The Smell of Commerce: How Companies Use Scents to Sell Their Products". *Independent.co.uk*, [S.l.], pp. 1-3, 16 ago. 2011. Disponível em: https://www.independent.co.uk/news/media/advertising/the-smell-of-commerce-how-companies-use-scents-to-sell-their-products-2338142.html. Acesso em: 15 out. 2024.

Capítulo 10: A transformação da lealdade

73. William Park, "Why We need to Talk about Cheating". *BBC Future*, [S.l.], pp. 1-5, 25 jun. 2019. Disponível em: https://www.bbc.com/future/article/20190625-why-we-need-to-talk-about-cheating. Acesso em: 15 out. 2024.

74. James Surowiecki, "Twilight of the Brands". *New Yorker*, [S.l.], pp. 1-5, 9 fev. 2014. Disponível em: https://www.newyorker.com/magazine/2014/02/17/twilight-brands. Acesso em: 15 out. 2024.

75. Sigla em inglês de *Context Preference Management*. (N. T.)

Capítulo 11: A publicidade (como a conhecemos) está morta!

76. Kevin McSpadden, "You Now Have a Shorter Attention Span Than a Goldfish". *Time*, [S.l.], pp. 1-2, 14 maio 2015. Disponível em: https://time.com/3858309/attention-spans-goldfish/. Acesso em: 15 out. 2024.

77. Ryan Holmes, "We Now See 5,000 Ads a Day... And It's Getting Worse". *LinkedIn*, [S.l.], pp. 1-7, 19 fev. 2019. Disponível em: https://www.linkedin.com/pulse/have-we-reached-peak-ad-social-media-ryan-holmes/. Acesso em: 15 out. 2024.

78. Bryan Clark, "More than 600 million Devices Worldwide Are Now Using Ad-Blockers". *The Next Web*, [S.l.], pp. 1-3, 7 fev. 2017. Disponível em: https://thenextweb.com/news/more-than-600-million-devices-worldwide-are-now-using-ad-blockers. Acesso em: 15 out. 2024.

79. "Is Ad Blocking Past 2 Billion Worldwide?". *Doc Searls Weblog*, [S.l.], pp. 1-5, 23 mar. 2019. Disponível em: https://blogs.harvard.edu/doc/2019/03/23/2billion/. Acesso em: 15 out. 2024.

80. Manish Singh, "Samsung's Preloaded Browser for Android Gets Ad-Blocking Support". *Gadgets 360*, [S.l.], pp. 1-2, 1 fev. 2016. Disponível em: https://gadgets360.com/apps/news/samsungs-preloaded-browser-for-android-gets-ad-blocking-support-796827. Acesso em: 15 out. 2024.

81. Paige Cooper, "43 Social Media Advertising Statistics that Matter to Marketers in 2020". *Hootsuite*, [S.l.], pp. 1-20, 23 abr. 2020. Disponível em: https://web.archive.org/web/20200621234449/https://blog.hootsuite.com/social-media-advertising-stats/. Acesso em: 15 out. 2024.

82. Roberto Garvin, "How Social Networks Influence 74% of Shoppers for Their Purchasing Decisions Today". *Awario*, [S.l.], pp. 1-11, 11 maio 2019. Disponível em: https://awario.com/blog/how-social-networks-influence-74-of-shoppers-for-their-purchasing-decisions-today/. Acesso em: 15 out. 2024.

83. "A Night with Mona Lisa". *Airbnb Newsroom*, [S.l.], pp. 1-7, 2019. Disponível em: https://news.airbnb.com/louvre/. Acesso em: 15 out. 2024.

84. "Brandz™ Top 100 Most Valuable Global Brands 2020". [S.l., s.d.]. Disponível em: https://www.diffusionsport.com/wp-content/uploads/2020/07/2020_BrandZ_Global_Top_100_Report.pdf. Acesso em: 15 out. 2024.

85. Termo inglês para designar a pessoa que tem dois empregos, muitas vezes trabalhando de noite também. (N.T.)

Capítulo 12: Não somos consumidores, somos pessoas

86. Jennifer Faull, "Brands Form 'Voice Coalition' to Prep for Alexa and Siri Changing the Way We Shop". *Drum*, [S.l.], pp. 1-2, 19 jun. 2019. Disponível em: https://www.thedrum.com/news/2019/06/19/brands-form-voice-coalition-prep-alexa-and-siri-changing-the-way-we-shop. Acesso em: 15 out. 2024.

Capítulo 14: O poder das parcerias

87. Sigla em inglês de Consumer Packaged Goods (CPG). (N.T.)

88. Sigla em inglês de *Chief Human Resources Officer*, "diretor de recursos humanos". (N.T.)

89. Carolyn Harding, "Instagram's Live Donation Feature: Just the Facts". *Digital Media Solutions*, [S.l.], pp. 1-3, 4 maio 2020. Disponível em: https://web.archive.org/web/20210225132452/https://insights.digitalmediasolutions.com/news/instagram-live-donations. Acesso em: 15 out. 2024.

Capítulo 15: O propósito como imperativo

90. "Leadership Series: Purpose-Driven Leadership". [S.l.], 2018. Disponível em: https://www.scribd.com/document/497641237/2018-EY-Purpose-driven-leadership. Acesso em: 15 out. 2024.

91. Robert E. Quinn; Anjan V. Thakor, "Creating a Purpose-Driven Organization". *Harvard Business Review*, [S.l.], pp. 1-18, jul.-ago. 2018. Disponível em: https://hbr.org/2018/07/creating-a-purpose-driven-organization. Acesso em: 15 out. 2024.

92. Sigla de Esclerose Lateral Amiotrófica. (N. E.)

93. "The Economic Graph Research CFP". *LinkedIn Economic Graph Research*, [S.l.], pp. 1-2, [s.d.]. Disponível em: https://engineering.linkedin.com/teams/data/projects/economic-graph-research. Acesso em: 15 out. 2024.

94. "Two-Thirds of Consumers Worldwide Now Buy on Beliefs". *Edelman*, [S.l.], pp. 1-3, 2 out. 2018. Disponível em: https://www.edelman.com/news-awards/two-thirds-consumers-worldwide-now-buy-beliefs#:~:text=Nearly%20two%2Dthirds%20(64%20percent,13%20points%20from%20last%20year. Acesso em: 15 out. 2024.

95. Zameena Mejia, "Nearly 9 Out of 10 Millennials Would Consider Taking a Pay Cut to Get This". *CNBC*, [S.l.], pp. 1-4, 28 jun. 2018. Disponível em: https://www.cnbc.com/2018/06/27/nearly-9-out-of-10-millennials-would-consider-a-pay-cut-to-get-this.html. Acesso em: 15 out. 2024.

Capítulo 16: Ética e karma da marca

96. "2019 Edelman Trust Barometer Special Report: in Brands We Trust?". [S.l.]: *Edelman*, [s.d.]. Disponível em: https://www.edelman.com/sites/g/files/aatuss191/files/2019-07/2019_edelman_trust_barometer_special_report_in_brands_we_trust.pdf. Acesso em: 15 out. 2024.

97. Cf. "The World's Most Ethical Companies", [s.d.]. Disponível em: https://worldsmostethicalcompanies.com/. Acesso em: 15 out. 2024.

98. Produtos de consumo, bens de consumo. (N. T.)

99. "'Ethical Consumers'" – Why CP Companies Need to Act Fast." *Capgemini*, [S.l.], pp. 1-4, 3 abr. 2019. Disponível em: https://www.capgemini.com/us-en/insights/expert-perspectives/ethical-consumers-why-cp-companies-need-to-act-fast/. Acesso em: 15 out. 2024.

100. "WFA Launches World's First Guide on Data Ethics for Brands". *World Federation of Advertisers*, [S.l.], pp. 1-4, 1 jun. 2020. Disponível em: https://wfanet.org/knowledge/item/2020/06/01/WFA-launches-worlds-first-guide-on-data-e-thics-for-brands. Acesso em: 15 out. 2024.

101. "FIXD – Never Get Ripped Off by Mechanics Again!". Vídeo postado por *My Daily Discovery*, 18 abr. 2017. Disponível em: https://www.youtube.com/watch?v=jDasRRpmWZo. Acesso em: 15 out. 2024.

102. "Media Transparency Initiative: K2 Report". *Association of National Advertisers*, [S.l.], pp. 1-4, [s.d.]. Disponível em: https://www.ana.net/content/show/id/industry-initiative-media-transparency-report. Acesso em: 15 out. 2024.

103. Paul Nicholson, "Global Sports Sponsorship Spend to Drop by 37% to $28.9bn, Says Report". *Inside World Football*, [S.l.], pp. 1-3, 18 maio 2020. Disponível em: https://www.insideworldfootball.com/2020/05/18/global-sports-sponsorship-spend-drop-37-28-9bn-says-report/. Acesso em: 15 out. 2024.

104. "Corruption in Sport", *Interpol*, [S.l.], pp. 1-4, [s.d.]. Disponível em: https://www.interpol.int/en/Crimes/Corruption/Corruption-in-sport. Acesso em: 15 out. 2024.

Fontes DOLLY, NEUE HAAS GROTESK
Papel LUX CREAM 70 G/M²
Impressão IMPRENSA DA FÉ